Dorothee Sölle / Fulbert Steffensky —
Zwietracht in Eintracht

pendo — profile

DOROTHEE SÖLLE
FULBERT STEFFENSKY

ZWIETRACHT IN EINTRACHT

Ein Religionsgespräch

Dorothee Sölle, geboren 1929 in Köln, studierte klassische Philologie, Philosophie, Germanistik und Theologie und habilitierte sich 1972 an der Kölner Universität. Von 1975 bis 1987 war sie Gastprofessorin am Union Theological Seminary in New York. Sie lebt heute als freie Schriftstellerin und prominente Vertreterin der feministischen Theologie in Hamburg.

Fulbert Steffensky, geboren 1933 in Rehlingen/Saar, war Benediktinermönch von 1956 bis 1968. Er studierte katholische Theologie in Maria Laach und Beuron und konvertierte 1969 zum Protestantismus. Heute ist er Professor für evangelische Religionspädagogik im Fachbereich Erziehungswissenschaft der Universität Hamburg.

Fotografie (Umschlag) und Typografie:
Bernhard Moosbrugger
Satz: Fosaco AG, CH-8363 Bichelsee
Druck und Einband: Clausen & Bosse, Leck
© copyright by pendo-verlag, Zürich 1996
ISBN 3 85842 262 2

Inhalt

Einleitung

Dorothee Sölle:
Nach einem Gottesdienst in Hamburg, der von ‹amnesty international› zum Busstag gestaltet wurde, hatten der mit mir verheiratete Mann und ich einen heftigen Streit. Es ging um die dort gehaltene Predigt, die Fulbert als erfreulich, humorvoll und nachdenklich empfand, ich hingegen als verschweigerisch, allzu glatt und in einem tiefen Sinn unchristlich.

Ein Tenor der Predigt war die wiederholte Aussage, dass wir in einer «verrückten» Welt leben. Damit beschrieb der Prediger seine Distanz von den − zuvor von amnesty-Mitarbeitern vorgetragenen Berichten über Folterungen und Menschenrechtsverletzungen in Ländern der Dritten Welt. Dass die Welt «verrückt» ist, wurde nicht weiter analysiert − und schon garnicht daraufhin befragt, woher diese Verrücktheit komme, wo und unter welchen Umständen sie wachse, welche wirtschaftlichen und politischen Interessengegensätze zu den brutalen Verrücktheiten führten. Unsere eigene gesellschaftliche Realität − das wiedervereinigte Deutschland als weltweit zweitgrösste Exporteurin von Waffen und Munition — stand nicht zur Debatte.

«Verrückt» ist nach meinem Empfinden eine Ermässigung gegenüber dem, was die Bibel «Sünde» oder «Bosheit» nennt. Es ist eine kopfschüttelnde und selbstredend hilfsbereite Ermässigung des Unrechts, das wir mit und durch A.I. lindern sollen, ohne es verändern zu können. Es stellt eine enthistorisierende, fast möchte ich sagen, eine ästhetische Kategorie dar. «Crazy, indeed», so hörte ich es. Dazu diente das berühmte Kriegslied von Matthias Claudius

> Kriegslied
> s'ist Krieg! s'ist Krieg!
> O Gottes Engel wehre,
>   Und rede du darein!
> s'ist leider Krieg — und ich begehre
>   Nicht schuld daran zu sein!

Es wurde als Text der Predigt genommen und rezipiert, als trennte uns nichts von dem Feudalstaat des 18. Jahrhunderts, als hätte es nie eine Französische Revolution gegeben, als sei Demokratie, die die BürgerInnen mitverantwortlich und haftbar macht, angesichts des Elends nicht gefragt. Die Predigt setzte ein liberales Unschuldsbewusstsein voraus; wir leben ja in einem Rechtsstaat.

«Pilatus hat sich mal wieder die Hände gewaschen», war mein zorniges Fazit. Fulbert fand mich arrogant, bösartig und ungerecht. Es war ein Religionsgespräch, was wir da, am Ausgang der Kirche stehend, mit Verve und Wut führten, und es ging um Liberalität und Radikalität innerhalb unserer Versuche, theologisch-politisch zu denken.

Wie kommt es, dass zwei Menschen, die so viel miteinander teilen — die grossen Lebensvisionen und den Birnensegen im Garten, die Ängste um das Wasser für die Enkelkinder und die in der Tat «verrückten» Hoffnungen auf etwas mehr Frieden — sich so entzweien? Unser Streit hatte tiefe Wurzeln, wie könnte es anders sein, in einer nun 25 Jahre alten Ehe von zwei Menschen, die Theologie mit Leidenschaft betreiben und ihre Fragen für brennend aktuell halten. Diese Annahme bringt uns sicher in einen Gegensatz zur Mehrheit der Intellektuellen in unserm Teil der Welt, aber wir, die Bibel in der einen, die Tageszeitung in der andern Hand haltend, können uns unser Leben gar nicht anders vorstellen als im Streit um die unbesitzbare Wahrheit.

Die Schärfe unserer Auseinandersetzung

ist sicher nicht so weit entfernt von früheren Ausbrüchen jener «rabies theologorum», wie man die Wutanfälle der Theologen zu nennen pflegte. Gegen diese Tradition habe ich für meinen Teil nichts einzuwenden; sie reicht weit in die Neuzeit hinein. In Lessings Religionsgespräch «Ernst und Falk», 1778, geht es auch nicht gerade zimperlich her.

«*Ernst*. Ich fürchte, du verkaufst mir deine Spekulation für Tatsache.

Falk. Sehr verbunden!

Ernst. Beleidiget dich das?

Falk. Vielmehr muss ich dir danken, dass du Scharfsinn nennest, was du ganz anders hättest benennen können.»

Wir haben uns, angestossen von unsern Freunden vom pendo-verlag, Bernhard Moosbrugger und Gladys Weigner, entschlossen, unsere Religionsgespräche zu verschriftlichen. Wir haben uns abwechselnd Briefe geschrieben und uns darin um eine bessere Streitkultur bemüht. Wir haben die Zwietracht ausgesprochen, manchmal provokativ verschärft, und hoffen, dass die Eintracht durch die Ritzen des Gesprächs leuchtet. Wie Hölderlin im Hyperion schreibt: «Wie der Zwist der Liebenden sind die Dissonanzen der Welt. Versöhnung ist mitten im Streit, und alles Getrennte findet sich wieder.»

Zur Rettung des Zweifels

Fulbert Steffensky:
Was die Einschätzung der menschlichen Kräfte betrifft, fühle ich mich in einem Zweifrontenkrieg; einmal gegen den schwächlichen Pessimismus, den ich in protestantischen Traditionen oft finde. Sie trauen den Fähigkeiten des Menschen nicht. Sie nehmen den Zusammenbruch immer schon wahr vor jedem Aufbruch. In der Einschätzung jener Traditionen sind wir uns einig. Aber — und das ist meine zweite Front — ich habe den Eindruck, ich müsse mich gegen einen Zug in deiner Theologie wenden, den ich jetzt deine Avanti-Populo-Attitüde nennen will. Was meine ich damit? Dich überzeichnend, nenne ich es so: Wenn die Welt gerettet wird, dann wird sie durch die Kraft der Menschen an ihr Ziel gebracht. Ihr Zustand ist im Wesentlichen abhängig von ihren Aktionen — ihr Glück und ihr Unglück. Der Mensch kann jederzeit, was er soll: stark sein, arbeiten und kämpfen, die Welt verändern und sie zu einem Ort des Glücks machen. Die meisten dieser Sätze kann ich mir zu eigen machen. Vielleicht stört mich eher, was du nicht sagst

oder was eine geringe Rolle in deiner Theologie spielt: dass unsere Fähigkeiten beschränkt sind; dass die Folgen unserer besten Absichten ihren eigenen Zwiespalt haben; dass die Welt mehr braucht als die Kraft unserer Hände. «Mit unserer Macht ist nichts getan, wir sind gar bald verloren» ist ja kein falsches Lied. Falsch ist nur, wenn dieser Satz zum einzigen lebensdirigierenden Hauptsatz wird. Muss man nicht sagen, dass jeder Entwurf vom Menschen, der die Tragik seiner Existenz unterschlägt, in der Gefahr ist, stalinistisch zu werden?

Dorothee:
Dass die Begriffe «Optimismus» und «Pessimismus» unzureichend sind, braucht kaum mehr eine Erläuterung. Ich empfinde aber im gegenwärtigen Gespräch, also mit dem Beginn der 90er Jahre, eine neue Tönung im öffentlichen Diskurs. Aus dem mild-liberalen Skeptizismus hinsichtlich der Fähigkeiten, etwas in der Welt oder gar sie selber zu verändern, hat sich eine höhnische Häme entwickelt, ein angewidertes Wissen davon, dass nichts zu machen sei, eine Art Pessimismus, dessen Farbe und Geschmack der Ekel ist: so sind die Menschen eben, hemmungslos gierig, auf ihren Vorteil versessen, blind und

taub gegenüber dem Seufzen der Kreatur, das Paulus noch hörte. Wissen ist nicht mehr wie im alten Grund-spruch der Industriearbeiterbewegung «Macht», sondern nur eine Vertiefung der Ohnmacht.

Warum willst du den alten Pessimismus retten, wo er doch längst übergegangen ist in diesen eingebauten, unschädlich gemachten Selbstekel? Dein Pessimismus ist längst sauer geworden, übrigens auf der Seite der Sieger ebenso wie auf der der Verlierer. Er übt uns ein in Vergeblichkeit und versäumt es, uns in Endlichkeit einzuüben. Und so wursteln wir, im schönen Gefühl tragischer Vergeblichkeit, weiter wie bisher.

Das war nicht das Lied von der menschlichen Ohnmacht, das Luther singen wollte. Seines fährt ja fort: «Es streit für uns der rechte Mann / den Gott selbst hat erkoren.» Dieser Mann ist für uns einigermassen unsichtbar!

Aber das ist für mich kein Grund, die Hoffnung selber unter Stalinismusverdacht zu stellen. Brecht sagte: «Ändert die Welt, sie braucht es.» Wer den Imperativ belächelt, − und hast du das nicht eben getan?! − muss sich nach dem Indikativ befragen lassen: Braucht die Welt es nicht in noch ganz anderem Sinne als Brecht meinte? Und sagt diese intelligente Hoffnungslosigkeit nicht eher etwas über den Ort, den ökonomisch-sozialen Ort derer, die in der Tat keine Änderung brauchen, weil diese in jedem Fall ein «Weniger, Kleiner, Einfacher, Langsamer», eine Verringerung unserer im Weltmodell des Marktes unbegrenzt erscheinenden Wahlmöglichkeiten bedeutete?

Fulbert:
Ich stelle nicht die Hoffnung unter Verdacht, sondern die Unfähigkeit zu zweifeln; vor allem die Unfähigkeit, an sich selber zu zweifeln; die Unfähigkeit, sich selber als irrtumsfähig zu erkennen. Die Wahrheit kann nur wachsen, wo man sich selber sowohl für wahrheitsfähig als auch für irrtumsfähig hält. Ich spreche also nicht für die, die sich erschöpfen im genüsslichen Verzicht auf die Wahrheit und ihre Herstellung.

Ich komme noch einmal auf meinen Begriff ‹Avanti-Popolo-Theologie›. Du bist damit ja in guter Gesellschaft. Ich finde diese Stimmung wieder in neutestamentlichen Passagen, die mir vorkommen wie jesuanische Junger-Mann-Allüren: Wer die Hand an den Pflug legt und zurückschaut, taugt nicht für das Reich Gottes, ist meiner nicht wert (Lk 9, 62); Lasst die Toten ihre Toten begraben (Mt 8, 22); wenn dich dein

Auge ärgert, reiss es aus (Mt 5, 29); wer Vater und Mutter nicht hasst um meinetwillen (Lk 14, 26)... und so fort. Das ist eine Radikalität ohne lebensrettendes Zögern. Nicht zurückschauen, die Toten sich selber überlassen, sich aller natürlichen Bindungen begeben zugunsten eines Reiches, das schon viele Namen hatte — das ist mir unheimlich. Die zukünftige Ganzheit, die die Gegenwart und jeden, der in ihr lebt, unter ihre Knute nimmt, ist mir unheimlich. Ich glaube nicht, dass die totalitären Bewegungen innerhalb des Christentums zufällig sind; die Bewegungen also, die die Vermischtheit der Gegenwart nicht ertragen konnten; die unter Eindeutigkeitszwängen standen. Sie können sich in der Tat auf Ursprungsideen und Traditionen berufen.

Aber dies alles ist unter uns ja nicht strittig. Ich glaube, unser Streit geht darum, was im Augenblick vorrangig zu sagen ist. Du hast stärker die Postmodernen und die Edelpessimisten im Auge, die sich so viel Skepsis erlauben können, weil es ihnen bei der Lage der Dinge ganz gut geht. Meine Perspektive ist in der letzten Zeit stärker die Frage danach, was wir Linken falsch gemacht haben. Und was ich beschreibe unter Zweifelsfreiheit und unter falschem Optimismus, ist sicher ein Problem der Linken.

Optimismus, Pessimismus und Skeptizismus

Dorothee:

Auf diese linke Selbstkritik kommen wir sicher noch zu sprechen. Ich möchte erst noch einmal auf den jungen Mann Jesus zurückkommen. Mir haben diese radikalen Abbruch-Sätze in meiner Entwicklung, bei meinem Christin-Werden sehr geholfen. Zum Beispiel das Verhältnis zur Institution der Familie. Die ironische Frage: Wer ist meine Mutter? Wer sind meine Brüder? (Mt 12, 48), verbunden mit einer Neubegründung der Beziehungen unter dem Gesichtspunkt der ‹familia Dei›: Wer den Willen Gottes tut, der ist meine Mutter, mein Bruder — das hiess für mich: Ich muss die bürgerlichen Traditionen meiner Familie nicht fortsetzen, ich kann die Bindung an eine bestimmte Klasse brechen, Klassenverrat begehen, wie Jean-Paul Sartre das einmal formuliert hat. Ich glaube zu verstehen, was du mit «lebensrettendem Zögern» einklagst, aber mir ist nicht ganz wohl bei dieser Formulierung. War das Zögern nicht oft das Zulassen von Vernichtung? Und ist nicht das gegenwärtige, sozureden linksliberale Zögern angesichts der Zerstörung der Schöpfung eher dem Projekt des Todes dienend? Wie lange wollen wir denn noch zögern, ehe wir das Auge, das ausser Wachstum und Profit nichts sieht, ausreissen?

Jesus hat ja nicht die Familialität des Menschendaseins, unsere Angewiesenheit aufeinander, unsere Abhängigkeit voneinander geleugnet. Er war kein Individualist, kein Single, obwohl die Radikalität des Evangeliums ohne Zweifel die Individualisierungsgeschichte befördert hat. Die Radikalität hat sozusagen zwei Gesichter: Sie befreit aus natürlichen Bindungen, sie negiert die Macht von Rasse, Geschlecht — worunter ich Sex *und* gender verstehe — und sozialer Klasse, aber sie bindet auch an das Neue, den Pflug, der ein anderes Zusammenleben ermöglicht.

Fulbert:
Ich will unsere herzliche Zwietracht nicht entschärfen. Aber könnte es nicht sein, dass wir in unserem Streit zwei notwendige, sich widersprechende und sich im Widerspruch ergänzende Positionen vertreten? Deine Position ist die radikale. Sie hat einen scharfen Blick für die Korruptionen der Gegenwart und für die Opfer, die sie schaffen. Dieser Position fehlt vielleicht Weisheit: die Fähigkeit, Kräfte und Möglichkeiten realistisch

einzuschätzen; die Fähigkeit, Niederlagen einzukalkulieren und mit ihnen umzugehen; die skeptische Distanz zu den eigenen Versuchen; ja, und eben ein Stück Pessimismus: das Wissen, dass wir sterben werden; nicht nur wir als Personen, sondern wir in unseren Vorhaben und Programmen. Die Weisheit schaut nach hinten und erinnert sich an all die gescheiterten Versuche. Sie ist pessimistisch; vorsichtiger gesagt: sie ist skeptisch. Die Radikalität kümmert sich nicht um die gescheiterten Versuche; sie schaut eben nicht zurück. Sie fühlt sich der Zukunft verpflichtet — das ist ihre Kraft. Sie lässt manchmal Leichen liegen — das ist ihre Gefahr.

Dorothee:
An dieser Beschreibung stört mich nur ein Satz, dass wir «in unsern Vorhaben und Programmen» sterben werden. Ist es nicht gottlos, so zu reden? Willst du das Vorhaben Gottes für die ganze Welt, nämlich «Leben in seiner Fülle für alle» (Joh 10, 11), auslöschen oder uns so weit von ihm entfernen, dass wir keinen Anteil mehr am Programm haben? Willst du den wichtigsten Namen, den unsere Tradition Gott gegeben hat, die Gerechtigkeit, ersetzen durch Unbegreiflichkeit, Anderssein, ewigen Kreislauf von Herrschaft

und Unterdrückung? Ich sehe auch, dass bestimmte Programme vor unsern Augen sterben, das «Ende des sozialdemokratischen Zeitalters», wie Ralf Dahrendorf es genannt hat, ist ein solches Sterben. Es schmerzt mich, diese vielleicht nord- und mitteleuropäische Variante des Programms verkommen zu sehen. Aber ist das das Ende der Gerechtigkeit und der vielen Wege, die Gott für sie hat? Wenn es einen Sinn hat zu sagen, dass wir in Gott hineinsterben, so doch den, dass unser Tun, auch das kleine, alltägliche, eben nicht umsonst war, ist und sein wird.

Ich bestreite nicht, dass Weisheit ein anderer Name Gottes ist. Die feministische Theologie hat ihn ja in den letzten 20 Jahren wiederentdeckt, als eine der weiblichen Seiten Gottes. Aber ob es wirklich die Weisheit Salomonis ist, die weiss, dass «alles ganz eitel» ist, die uns fehlt? Die Radikalität, die ich suche, ist nicht blind der Zukunft verpflichtet, das Reich Gottes ist nicht nur im Kommen, es ist schon da, in uns. Die reine Zukunftsverpflichtung — wie im Stalinismus für Millionen von Menschen als gelebter Glaube — lässt tatsächlich Leichen liegen, aber doch weil sie die Gegenwart Gottes missachtet.

Die Frage ist wirklich, wie wir Radikalität und Weisheit zusammen bekommen.

Fulbert:

Das ist eben die Skepsis, die ich retten will: zu wissen, dass unsere Vorhaben und Programme nicht die Programme Gottes sind. Und das ist mein Vorbehalt gegen die Radikalismen, dass sie ihre eigenen Programme für göttlich halten. Dass wir sterben inmitten unserer Vorhaben und mit ihnen, heisst weder, dass die Vorhaben Gottes sterben, noch heisst es, dass wir nicht teilhaben an den Vorhaben Gottes. Wir sind Teil — nicht mehr! Wir sind ein Schatten dessen, was kommen soll, auch mit unseren besten Vorhaben — nicht mehr! Dass wir im besten Fall nicht mehr als Schatten und Teil sind, das ist doch nicht eine Beleidigung unserer eigenen Person und Kräfte. Es ist ein Stück meiner Freiheit. Ich muss nicht alles sein — Gottseidank! Die Welt ruht nicht auf meinen Schultern — Gottseidank! Die Sache Gottes geht nicht unter mit meinem Untergang — Gottseidank! Dass wir sterben mit unseren Werken, nimmt uns und ihnen nicht ihre Wichtigkeit. Für mich bedeutet der Gedanke das Ende der Verbissenheit; vielleicht auch ein Stück weniger Gewalt. Ich muss die Welt nicht in meine eigenen Entwürfe peitschen, wenn ich weiss, dass sie wichtig sind und dass sie sterblich sind. In den Radikalitätssätzen aus dem Neuen Testament, die ich eben zitiert habe, ist ja eine Menge Gewalt: Auge ausreissen, Vater und Mutter hassen, die Toten liegen lassen. Das Bild der verlassenen Toten ist das, was mich am meisten ärgert. Ich verstehe seinen Inhalt, wie Du ihn erklärt hast. Aber es gibt, abgesehen von dieser Interpretation, die selbständige Kraft des Bildes: die Toten unbegraben lassen. Darin steckt Barbarei, die im Laufe der Geschichte des Christentums ihre Triumphe gefeiert hat.

Die Transzendenz den Männern,
die Immanenz den Frauen?

Dorothee:

Deiner Kritik an dem, was du «Junger-Mann-Allüren Jesu» nennst, möchte ich meine Anfragen an die milde Skepsis alter Männer entgegenhalten. Es ist, als könne ich ihnen deine — selbstkritische, rücksichtsvolle, zögernde Nachdenklichkeit nicht mehr glauben. Was ich beobachte, ist ein schleichender Übergang in den Zynismus, der die alte reiche Welt prägt. Wie willst du skeptisch bleiben, ohne zynisch zu werden, möchte ich dich und andere weise Männer fragen. Die Hoffnung ist eine Asylantin bei uns, das weisst du doch auch. Sie hat hierzulande keine Arbeitserlaubnis.

Fulbert:

Vielleicht möchte ich zu meinem eigenen Trost und zum Trost der Welt in diesem Gespräch die Wahrheit retten, dass Gott anders ist als wir. Im Augenblick stehen wir ja unter dem modischen Zwang, ihn durch uns selbst zu erklären: er hat keine anderen Kräfte als unsere eigenen; er ist ein so nettes Kerlchen wie wir selber. In solchen Tagen schreit man geradezu nach Karl Barth.

Dorothee:

Man vielleicht, frau kaum! Barths Sexismus ist nach meiner Meinung keine Nebensache in einer sonst grossartigen Theologie. Bei allem Verständnis für Gleichberechtigung insistiert er darauf, dass A vor B kommen muss wie eben Mann vor Frau. B hängt von A ab, A aber nicht von B. Es ist, als könne er eine herrschaftsfreie Beziehung nicht denken, und gerade hierin spiegelt sich sein Verständnis von Gott. Gott ist absolut unabhängig von den Geschöpfen, ein Souverän, der macht oder zulässt, was er will. Er ist a se oder eben ganz anders. Gegen diese Andersheit erhebt die Theologie der Frauen Einspruch. Gott kann nicht weniger sein als das, was wir unter Liebe, Beziehungsfähigkeit, Verwundbarkeit denken. Er oder Sie braucht uns, um Gott zu werden.

Ich denke, wir sind hier an einem Kernpunkt unserer Zwietracht. Was können wir in dieser unserer Situation, nach Auschwitz und Hiroshima, von Gott sagen? «Er sitzt im Regimente und führet alles wohl», wie Barth am Ende seines Lebens gern sagte? Oder: Gott hat keine anderen Hände als unsere, wie es manchmal in befreiungstheologischen Liturgien gebetet wird? Damit ist nicht das «nette Kerlchen», das du manchmal auch den Kuschelgott nennst, gemeint. Ich denke, dass weder die Feudalsprache von Regiment und Führung noch die Psychosprache von Selbstannahme und Sich-verstecken-Können da ausreicht. Eher ist es so wie die Chassidim sagen: Gott ist in der Welt versteckt, aber wer geht suchen?

Fulbert:
Ich möchte auf deine Barth-Kritik nicht weiter eingehen. Es gibt eine feministische Trivialkritik an Barth, die sich nicht halten lässt. Gott «ist absolut unabhängig von den Geschöpfen, ein Souverän, der macht und zulässt, was er will; ein Wesen a se»: Dies alles wirst du bei Barth nicht finden.

Ich möchte noch einmal den Begriff der Andersheit Gottes ins Spiel bringen. Wir beide haben uns früh und oft gegen den Begriff der Andersheit gewandt, der nichts anderes als die Herrschaftlichkeit und die unbezogene Überlegenheit Gottes ausdrücken sollte. Wir haben versucht, die Bilder der Nähe, der Wärme und der Gegenseitigkeit zu stärken, und weniger als die Beziehungshaftigkeit und die Verwundbarkeit Gottes können wir nicht mehr denken. Aber ich frage mich schon, ob — auch im Zusammenhang mit der feministischen Theologie — eine De-

24

mokratisierung Gottes erfolgt ist, in der ihm seine Fremdheit, seine Unverstehbarkeit, sein Schrecken und seine Heiligkeit abgesprochen werden. Es geht doch nicht um die herrschaftliche Andersheit und Überlegenheit Gottes. Die Aussagen über die Grösse, die Heiligkeit und die Andersheit Gottes sind doch mein Versprechen und mein Segen. Ich brauche mehr, als ich bin. Die Welt braucht mehr, als wir alle zusammen sind und aufbringen können. Das Gotteskerlchen, dem die Heiligkeit, das Geheimnis und sein grösserer Reichtum abgesprochen sind, ist mir einfach zu wenig. Gott ist in der Welt versteckt — ja! Und wer ihn dort nicht sucht, wird ihn nirgends finden — ja! Aber es ist nicht das einzige, was ich über ihn sagen will. Gott ist auch das Jenseits aller Welt, auf das die Welt hinläuft und das sie heilt. Angesichts der Opfer, aber auch angesichts des Fragments des eigenen Lebens nicht alles über Gott zu sagen, zu verschweigen, dass er grösser ist als wir und dass er alles Leben in seinem Geheimnis birgt, das ist ein heroischer Trostverzicht, den wir uns angesichts der Trostlosigkeit der Welt nicht erlauben können.

Dorothee:

Jetzt verstehe ich dich nicht ganz. Sind wir bei dem alten Gegensatz angekommen, dass du, Mann, «Transzendenz» und ich, Frau, «Immanenz» einklagen? Ich will ja nichts verschweigen, was ich für sagbar halte, und will auch das Abenteuer der Theologie, das darin besteht, von dem zu reden, über das wir nur schweigen können, nicht verkleinern. Ich suche eine Sprache, die «anders» ist, als vernünftige, ableitbare, verifizierbare Sätze zu sein haben. Ich habe nichts gegen die Andersheit Gottes, wenn sie nicht ein patriarchales Symbol der Macht, der Herrschaft ist. Ich will auch die Fremdheit Gottes nicht wegwischen, die dunkle Seite. Ich versuche sie wegzubeten, Gott nah zu rufen, ihn oder sie zu erinnern an die biblischen Versprechungen. «Du hast aber doch neulich gesagt, du hast doch der Hannah geholfen und der Elisabeth, es ginge doch auch anders.» Das ist etwas anderes, als diese Fremdheit zu verklären und sie theologisch zu systematisieren.

Kürzlich schrieb mir eine amerikanische Freundin: «If God is only nice, she isn't God.»

Aber deswegen kann ich meine Theismuskritik nicht aufgeben, diese dumme Unten-und-Oben-Theologie, diese haarsträubende

Verwechslung von Gott mit dem Schicksal, das eben kommt wie es kommt, der Moira, vor der wir nichts sind. Nein, Gott konnte die Züge, die nach Auschwitz rollten, eben nicht per Knopfdruck von oben aufhalten. Nicht, weil er das, was da geschah, wollte oder in seiner absconditas, seiner absoluten Verborgenheit, billigte, sondern weil Gott keine Freunde hatte, weil «das-von Gott» wie die Quäker sagen, ausgelöscht war. Ohne den God-within gibt es keinen God-above.

Ich verstehe den Säkularisierungsschub, den Abschied von der christlichen Volksreligion den wir erleben, als einen Abschied von dem theistischen Gott über uns. Dessen Autorität funktioniert nicht mehr, weil der Gott-in-uns nicht Empfindung, Sprache und Lehre geworden ist. Deswegen suchen die Leute in den unmöglichsten Sprachen und Lehren herum. Religion im Sinne der jüdischen und christlichen Überlieferung könnte erst wieder nach dieser Theismuskritik entstehen und glaubwürdig sein. Sie schlösse eine andere Praxis ein.

Aber ist dieser notwendige Schritt wirklich «Trostverzicht»? gar «heroisch»?

Fulbert:

Es gibt bestimmte Aussagen, die in ihrer Widerspruchsfreiheit und in ihrer falschen Systematik Sprache zerstören. Ein solcher Satz ist: Gott kann die Züge nach Auschwitz aufhalten, oder gar: er billigt in seiner Unerforschlichkeit die dahin rollenden Züge. Widerspruchsfrei kann auch das Gegenteil dieses Satzes sein: Gott kann die Züge, die nach Auschwitz rollen, nicht aufhalten. (Dorothee: Das habe ich nicht gesagt!) Beide Sätze fallen aus der Sprache der Hoffnung, des Schreis und der Poesie. Es sind Sachaussagen und keine Bestürmungen Gottes; sie haben nichts vom Gebet in sich, was ich von allen theologischen Sätzen verlange. Beide Sätze übrigens sind viel schicksalhafter und dienen der Moira viel mehr als die niemals aufgegebenen Und-dennoch-Sätze: Und dennoch fallen wir nicht aus seiner Hand; und dennoch sei er gepriesen; und dennoch wird er sie nicht im Tode lassen.

Die bescheidene Göttin Aufklärung

Fulbert:

Ich erinnere mich an ein Fernsehgespräch, das Böll vor vielen Jahren mit einem evangelischen Neutestamentler über die Auferstehung hatte. Der Exeget sagte wie einen Rosenkranz die neuen historisch-kritischen Erkenntnisse auf. Die «dumme Unten-Oben-Theologie» war glänzend aufgehoben. Die Sachverhalte waren erklärt. Ich habe Böll selten so zornig gesehen. Es war kein Zorn eines Reaktionärs, der seine Welt zusammenbrechen sieht und dies nicht ertragen kann. Seine Wut entstand an der leichtfertigen Aufgabe der Opfer bei so viel Aufgeklärtheit. Ich will Deine Theismuskritik nicht vergleichen mit der Leichtfertigkeit jenes Theologen. Sein Interesse war, der Aufklärung zu dienen – dieser bescheidenen Göttin. Dein Interesse ist, die Opfer nicht zu verrechnen und ihren Schmerz nicht zu entwichtigen in der Behauptung eines immer schon gültigen göttlichen Plans, in dem die Opfer nur noch der Erfüllung des Ganzen dienen.

Ich frage mich, an welchem sozialen Ort Theismuskritik entstanden ist. Ganz sicher nicht bei den kleinen Leuten, ganz sicher nicht in der schwarzen Theologie und in den Gottesdiensten der Schwarzen. Man kann fragen, ob sie nicht tief bürgerlich ist: die Sprache und die Auffassung derer, die das Leben nicht bis aufs Blut quält. Die Armen verzichten niemals auf die Macht Gottes. Sie geben es nicht auf, eine Stadt herbeizu-schreien, in der niemand mehr weint und niemand mehr geschlagen wird. Das ist doch nicht der Ruf nach Oben, in dem Menschen sich selber dispensieren von Kraft und von Verantwortung. Es ist der Ruf nach dem Ganzen, und es ist der Glaube daran, dass das Leben über den Tod siegt.

Dorothee:
Ich höre dich meiner — zugegeben aufkläre-rischen — Theismuskritik eine andere, ältere Kritik des Atheismus entgegenstellen. Die Reichen, die flotten Unbeschädigten, brau-chen keinen Gott. Sie benutzen ihn höch-stens. Sie lehren ja gerade, dass Schicksale wie Stand, Geschlecht, körperliche Behinde-rungen eben zu ertragende Schicksale sind. Aber diese falsche Lehre hat für den sozialen Ort, nach dem Du fragst, ebenfalls Bedeu-tung.

In einer guten Theologie sind Theismuskritik in meinem und Atheismuskritik in deinem Sinne beide gegenwärtig. Ich denke jetzt an den Aufbruch der lateinamerikanischen Christen. Befreiungstheologie in den Basisgemeinden, unter den Frauengruppen, bei den Katechetinnen. Ich denke jetzt an Rigoberta Menchú. Sie ist nie atheistisch im Sinne einer bürgerlich-wissenschaftlichen Welterklärung, die keine Wunder mehr braucht. Sie ist aber auch nicht theistisch im Sinne der Apathie, der duldenden Ergebenheit, zu der der feudale Katholizismus die Leute erzogen hat. Die Bekehrung zur befreienden Theologie ist gerade der notwendige Abschied von dem «höheren Wesen», das uns eben nicht rettet. Der Gott der Armen, der Frauen, der Ausgeschlossenen ist nicht einfach übergeordnete ‹power›, er ist immer ‹empowerment›.

Das Neue, das da entsteht, kann aber die religionsgeschichtliche Entwicklung der Moderne nicht einfach ignorieren. Einige ihrer Elemente werden benutzt. Der Geist, die Kraft dieser Bewegung, kommt aus dem Glauben; die Analyse der gegenwärtigen Situation der Verelendung allein gibt keinen Grund zur Hoffnung her. Der Glaube gibt die Kraft, die Götzen Götzen zu nennen, das Projekt des Todes in dem als Fortschritt gepriesenen Anschluss an den Weltmarkt zu sehen. Dass der Markt gut, gerecht und schön sein soll, ist eine Ideologie, biblisch gesprochen eine Anbetung des Goldenen Kalbes. Wenn Menschen davon frei werden, dann wird Glaube sichtbar. Der Chiapas-Aufstand vom Januar 94 und der lokale Bischof Samuel Ruiz Garcia, dieser ‹Vater der Indianer›, der ihn mitträgt, sind ein Beispiel für das, was ich meine.

In Europa sind wir noch lange nicht so weit. Vielleicht tut es uns noch nicht weh genug. Aber falls wir einmal ein Stück Befreiung erfahren, dann gehört die Kritik an den Götzen, die uns Gott verstellen, und sich allmächtig geben, da mit hinein.

Fulbert:
Ich weiss nicht, ob der Gott der Armen immer «empowerment» in deinem Sinne ist; dass er also Menschen befähigt, auf das «höhere Wesen» zu verzichten, die Götzen zu stürzen, sich zu wehren und das eigene Leben in die Hand zu nehmen wie die Indianer in Chiapas, Mexiko. Ist das nicht eine Theologie für die Starken? Ist dieser Gott nicht die Umschreibung der eigenen Kräfte? Was aber ist mit dem verlorenen Leben? Die Sprache, in der Menschen nach der Rettung des Lebens schreien; in der sie nach einem Gott

schreien, der das verlorene und verkommene Leben retten soll, ist ein äusserstes Verlangen nach Würde: nichts soll verlorengehen, nicht einmal der letzte Dreck. Keine Träne soll umsonst geweint sein.

«Es rettet uns kein höheres Wesen» — vor 100 Jahren hätte ich es gerne mitgesungen gegen den Schicksalsgötzen, wie du ihn nennst. Aber auch dieser Satz hat seine fatale Geschichte. Aus einem Satz des Trotzes und der Würde ist er zu einem Singsang einer rituellen und gefährlichen Dummheit geworden.

Dorothee:
Ich kann meinen Glauben nicht denken ohne die aufgeklärte Theismuskritik. Ich bin empfindlich gegenüber einer Religion, die nur Vertröstung auf ein späteres Leben bedeutet. Wird damit nicht der Augenblick entwichtigt und die Kraft für die Gegenwart verschleudert? «Das aber ist (also nicht: wird sein!) das Ewige Leben, dass sie dich, der du allein wahrer Gott bist, und den du gesandt hast, Jesus Christus, erkennen», heisst es im Johannesevangelium (Joh 17,3). Diese Botschaft von der Gegenwart des Ewigen Lebens hier und jetzt hat mir ebenfalls beim Christwerden geholfen, weil sie mich freimachte

von den Zwängen eines kindischen Glaubens
à la «Lieber Gott, mach mich fromm, dass
ich in den Himmel komm».

«Ich glaube an das Ewige Leben»

Dorothee:

Es erschüttert mich immer wieder, wenn ich, oft von sehr religionsfernen Menschen, zu hören bekomme, welche übermässige Rolle das Weiterleben nach dem Tod für sie spielt. Vor kurzem schrieb mir ein junger Mann aus der früheren DDR folgendes: «Gerade dass ich als ich, als Person in meiner unverwechselbaren Jemeinigkeit ein Weiterleben erhoffen kann, war mir bisher einer der wichtigsten Inhalte meines christlichen Glaubens. Steht und fällt mit dieser persönlichen Auferstehung nicht das ganze Christentum und seine Bedeutung für die Entwicklung des Persönlichkeitsbegriffes, der Menschenwürde, Menschenrechte etc.? Wenn es denn keine persönliche Auferstehung gibt, wie verstehen Sie dann die Auferstehung Jesu?» Ich ahne, dass wir beide, Aufklärer und doch Glaubende, über die Frage nach dem Ewigen Leben streiten müssen.

Fulbert:

Ich möchte nicht hauptsächlich wissen, ob dieser Satz des Glaubensbekenntnisses, «ich glaube an das Ewige Leben», richtig oder falsch ist. Ich möchte den Menschen, der seinen Glauben an das Ewige Leben bekennt, vielmehr fragen, wer er ist; was mit ihm geschieht, wenn er diesen Satz spricht, und welcher Lebenswunsch ihn oder sie treibt, so zu sprechen. Ich möchte ihn fragen: Bist du eine, die sich selbst nicht loslassen kann? Bist du einer, der unter dem Zwang steht, sich endlos weiterzudenken und fortzusetzen? Bist du unfähig, endlich und begrenzt zu sein? Glaubst du etwa, ein ewiges Leben würde gutmachen, was im zeitlichen Leben zerstört, beleidigt und niedergetreten wurde?

Oder bist du ein anderer: ein Mensch, der unfähig ist, etwas für verloren zu erklären oder jemanden abzuschreiben?

Ich möchte auch den fragen, was er treibt, der den Satz vom Ewigen Leben leugnet: Wer bist du? Bist du der leidenschaftslose Buchhalter, der unfähig ist, mit der grossen törichten Sprache der Sehnsucht das ganze Leben für alle einzuklagen? Bist du ein dickärschiger, zornes- und klageunfähiger Realist, der immer weiss, was er spricht, und der gegen jede Übertreibung der Hoffnung gefeit ist?

Vielleicht bist du, Leugner des Satzes vom Ewigen Leben, ein anderer. Vielleicht beharrst du auf der Würde der Trostlosigkeit.

Vielleicht hat dir das Leben die Sprache ver-
schlagen. Vielleicht beharrst du mit deinem
Leugnen darauf, dass mit jeder Schändung
des Lebens etwas Unendliches geschehen ist;
dass Gott selber geschändet wurde. Vielleicht
ist deine Leugnung des ewigen Lebens ein
Teil des Glaubens an das Leben, das gut sein
soll und in dem niemand verloren gehen soll.
Wenn du auf der Würde der Trostlosigkeit
bestehst, dann brauche ich dich als meinen
dunklen Bruder, wenn ich das Lied von der
Stadt singe, in der der Tod für immer vernichtet ist. Ich will den Zweifel dieses Bruders
nicht vergessen. Ich möchte aber neben seine
Würde der Trostlosigkeit die Würde der un-
bewiesenen Behauptungen setzen. So ist bei
Jesaja, dem Meister der Träume, der gute
Ausgang des Lebens beschrieben: Einmal
wird es sein, dass keiner mehr hungert und
keiner sich mehr vom Fett des anderen nährt.
Die Völker werden auf dem Berge Zion sein,
nicht in der dunklen Geducktheit der Täler.
Alle werden essen, und alle werden trinken:
ein fettes Mahl und einen starken Wein. Die
Decke der Trauer und der Blindheit, die über
allen liegt, wird weggenommen. Die Völker
werden jubeln und klar sehen. Das Geschäft
des Todes wird ruiniert sein. Die Schmach
wird aufhören, und die Tränen werden abge-

wischt sein. Der Herr hat es versprochen, der Herr hat es versprochen!

Wenn wir den Satz vom guten Ausgang des Lebens schon für uns selber schwer glauben können, können wir ja vielleicht für andere glauben, bei denen wir sehen, dass sie diesen Glauben brauchen. Manchmal kann man für andere etwas sagen, was man für sich selber nur schwer sagen kann. Ich möchte das Gesicht einer Frau sichtbar werden lassen, die ohne einen solchen Traum nicht leben kann. Ich erzähle die Geschichte der Teresinha aus dem Bergland von Minas in Brasilien. Carlos Mesters hat sie uns berichtet; und ich möchte in diese Geschichte hineinhören, die Geschichten der bosnischen Frauen; die Geschichte der einsamen alten Frau in Altona, die mit hungernden Augen vor ihrem Fernseher sitzt; und unsere eigene Geschichte des Misslingens.

Das Kind der Teresinha war erst wenige Monate alt und schwer krank. Mit ihrem Schwager ging sie zum nächsten Arzt. Die Behandlung wurde verweigert. Sie gingen den ganzen Nachmittag von Krankenhaus zu Krankenhaus. Anscheinend fehlten einige Unterlagen. In der Nacht fuhren sie mit dem Bus zurück. Als der Bus unter einer Laterne hielt, schaute Teresinha wieder nach dem

Kind und begriff: Es war am Sterben. Die Frau stiess ihren Schwager an. «Sei still, Frau!» sagte er. «Nimm dich zusammen! Lass keinen etwas merken! Sonst kommt die Polizei, und sie werden uns einsperren.» Die Angst machte aus den beiden zwei Statuen. Die Mutter hatte nicht mehr den Mut, nach dem Gesicht des Kindes zu schauen. Plötzlich spürte sie, wie ein Zittern durch den Körper des Kleinen lief. Ein Röcheln, drei- oder viermal. Und dann die völlige Ruhe in dem eiskalten Körper. Sie wusste: eben war ihr Kind gestorben. Der Bus fuhr wie wahnsinnig. Sie hielt das Kind fest und schaute nach vorn wie all die anderen. So blieb sie sitzen bis zur Endstation, mehr als zwanzig Minuten.

Fast zwei Jahre lang behielt Teresinha das Geheimnis des Todes des Kindes für sich. Sie hatte Angst. Schliesslich erzählte sie die Geschichte einer Schwester, und die fragte: «Wie können Sie das nur aushalten, so zu leiden?» Sie antwortete: «Ich weiss nicht, Schwester. Wir sind arm, wir wissen nichts. Das einzige, was für uns übrig bleibt in dieser Welt, ist leiden. Lassen Sie nur, Schwester, eines Tages wird sich das ändern! Gott hilft Leuten wie uns.»

Eines Tages wird sich das ändern, sagt die

Frau. Den Tod vernichtet er für immer, sagt Jesaja. Gott hilft Leuten wie uns, sagt die Frau. Der Herr wischt die Tränen ab von jedem Angesicht, sagt die Apokalypse. Ich glaube an das Ewige Leben, sagt das Glaubensbekenntnis. Er macht der Schmach seines Volkes ein Ende, sagt Jesaja.

Kannst du im Ernst wünschen, dass diese Frau die Sprache verliert, die ausgreift bis in das Land der abgewischten Tränen? Kannst du wünschen, dass ihre Sprache bescheiden werde und sie sich der Realität anpasse: So ist das Leben, das Kind ist tot, und unsereins hat nichts zu erwarten. Willst du ihr wünschen, sie solle der Endlichkeit, dem Fragmentarischen und der Brüchigkeit des Lebens zustimmen? Das ist nicht die Sicht der Armen und der geschundenen Leute. Die haben noch nicht so viel Grund, so bescheiden zu sein.

Dorothee:
Was du sagst, klingt wie eine Predigt an deine Studenten. «Meine lieben Aufklärer», so hör' ich dich, seid doch nicht gar zu bescheiden, verlangt doch nicht gar so wenig! Die Wünsche und die Hoffnungen sterben doch aus, wenn sie sich in eine zu enge Sprachhütte ducken müssen. Die Liebe und der Schmerz,

sie nehmen als Sprechende das Maul immer zu voll. Habt doch keine Angst davor!

Methodisch gesprochen, ist das, was du einklagst und zugleich besingst, ein Schritt hinter die Aufklärung zurück in die Vormoderne und zugleich einer nach vorn in das, was ich manchmal — noch ziemlich unausgebrütet — eine Hermeneutik des Hungers nenne.

Mit welch dürftiger Sprache, welch bescheidenen Gesten, welch kleinen Sehnsüchten geben wir uns zufrieden in der religionsfreien Existenz, unter dieser bescheidenen Göttin, die uns beigebracht hat, die Welt als entzaubert zu denken. Manchmal kommt es mir vor, als wage niemand mehr, zu reden, wie Liebende miteinander geredet haben, als sei alle Unmittelbarkeit der emphatischen Sprache unter uns zerstört. Statt «du bist meine Sonne und mein grosser Baum, wir werden immer zusammenbleiben», hört es sich heute vielleicht oft so an: «Für meine Psyche ist deine Gegenwart wirklich positiv und du intensivierst mein Körpergefühl, wir sollten auf absehbare Zeit zusammenbleiben, solange unsere Schwingungen so harmonisch anhalten». Dieses komische Gefasel ist für mich ein Verrat am Leben, und der beginnt mit dem Verrat an der Sprache.

Umberto Eco hat das Problem sehr scharf gesehen. Er stellt fest, dass es nicht mehr möglich sei, in einer bestimmten Situation einem Menschen zu sagen «ich liebe dich herzinniglich». Diese naive Sprache sei uns genommen. Einer klugen und belesenen Frau jedenfalls könne ein Mann das nicht sagen, weil er weiss, dass sie weiss, und sie weiss, dass er weiss, wie oft diese Worte schon gesagt sind. Eco fragt sich dann, was tun, und schlägt einen postmodernen Ausweg vor. Statt sprachlos zu verstummen, können wir sagen: «Wie Liala jetzt sagen würde, liebe ich dich herzinniglich.» Das Zitat — auf einer Bildungshöhe, die ich nicht erreicht habe, ich weiss nicht einmal, wer Liala ist! — das Zitat, bewusst gesetzt und gewählt, soll die Sprache, die wir selber nicht mehr haben oder wagen, ersetzen. Diesen Ausweg halte ich für hilflos und in der Konsequenz für zerstörerisch. Wir brauchen dieses Wagen, dieses Mehr als alles, die Hoffnung will fliegen und weit springen.

Und die Postmoderne mag sich so weit wie sie will von der Moderne abgrenzen, solange sie sich noch dem Diktat der Entzauberung, dem Verbot der Wünsche unterwirft, also a-religiös ist und bleibt, hat sie das, was gerade zu leisten wäre, nicht gewonnen; sie ist nur ein gekonnterer, perfekterer Verrat an der Sehnsucht, die tatsächlich «höher ist als unsere Vernunft».

Fulbert:
Ich komme noch einmal zurück auf die brasilianische Frau.

«Gott hilft Leuten wie uns!» Menschen lernen, auf das Ewige Leben zu hoffen, weil ihr gegenwärtiges Leben so karg ist. Es gibt aber noch einen anderen Weg, auf dem man die Sehnsucht nach dem ganzen Leben lernt: das ist gerade die Fülle, die das Leben uns schenkt. Sehnsucht wird nicht nur gestillt, sie entsteht auch neu da, wo eine Liebe gelingt; wo das Leben glückt und wo ich seine Schönheit wahrnehme. Man lernt weinen am Schmerz und am Reichtum des Lebens. Auch die Schönheit weist über sich hinaus auf den Grund aller Schönheit. Auch das Glück macht unbescheiden und hungrig. Wer keine Musik kennt, entbehrt nichts, wenn er sie nicht hat. Wer Musik kennt, der leidet, wenn sie ihm fehlt.

In den meisten Punkten deiner Theismus-Kritik sind wir uns ja einig: dass Gott nicht der Vollstrecker allen Weltgeschehens ist, so dass Menschen von vornherein keine Chance hätten, Subjekte zu sein; dass das Jenseits keine Krücke des Glaubens ist, vor allem aber, dass Gott nicht das unbedürftige, unabhängige und unberührte Wesen ist, das des Menschen nicht bedarf und das ihm herrscherlich gegenübersteht. «Herr» ist nicht der eigentliche Name Gottes. Richtiger, es ist nicht der Hauptname. Aber es ist einer seiner Namen, und für mich wird dieser Name immer wichtiger. Auch die Namen Gottes und ihre Angemessenheit hängen von der Zeit ab, in der sie ausgesprochen werden. Wenn ich sehe, wie herrscherlich wir selber geworden sind; mit welcher imperialen Geste wir einer anderen als unserer eigenen, ‹Ersten Welt› gegenübertreten; mit welcher absoluten Gewalt wir über die Zukunft unserer Enkel verfügen und sie zerstören — dann nenne ich Gott gerne Herr. Dieser Name Gottes fällt mir selber in den Arm und sagt mir, dass nicht ich Herr des Lebens bin und dieses nicht zu meiner Beute gedacht ist. Der Name befreit mich und rettet die anderen vor unserer Todeswütigkeit.

Dorothee:
Ich sage lieber mit einem Buchtitel von Luise Schottroff und mir «Die Erde gehört Gott»; vielleicht um die vielen Missverständnisse mit dem Wort «Herr» zu vermeiden. Aber

vielleicht können wir uns in dieser Frage mit einem islamisch-mystischen Ausspruch weiterhelfen: Allah hat hundert Namen; aber nur 99 sind bekannt. Diese 99 beziehen sich auf die Anfänge der Suren des Koran. Und der letzte, der verborgene Name Gottes, relativiert all die andern Namen; er hält die Namenssuche aufrecht: es ist noch nicht alles gesagt. Auch wir, so verstehe ich die Sufimystiker, sind an der Namenssuche beteiligt.

Deswegen bin ich immer wieder schockiert, wenn rechtgläubige Traditionalisten sich das «Mutter-unser, die du bist in den Himmeln» verbitten. Sie machen sich selber zu Gottes-Besitzern, sie allein kennen die richtigen, die vorgesehenen Namen. Vielleicht meine ich das, was Du mit dem Namen «Herr» ausdrücken willst, wenn ich die Gottheit manchmal «Namenlos» nenne. Auch dieser «Name» hat einen Sitz im Leben, eine Zeit, wie Du sagst, die ihn notwendig macht und befreiend.

Linke Selbstkritik

Dorothee
Ich denke noch weiter nach über diese Kritik
am falschen Optimismus der Linken. Ich will
die Vorwürfe noch einmal zusammenstellen.
Es sind folgende:
— Wir sind Bündnisse mit Kommunisten
  eingegangen.
— Wir haben Opfer verschwiegen.
— Wir haben ein Feindbild — das des US-
  Imperialismus — genährt.

Der erste Punkt, dass wir an vielen Stellen
der Basis mit Kommunisten zusammengearbeitet haben, ist für mich keine ernstzuneh-
mende Kritik. Die kalte Kriegermentalität,
die aus ihr spricht, hat weniger zur Auflö-
sung der Blöcke beigetragen, als unsere Ko-
operation. Die Fragen, an denen wir zusammengearbeitet haben, betrafen zunächst die
Remilitarisierung unseres Landes, die vom
Westen ausging, dann den Vietnamkrieg mit
seinem Einsatz von Napalm gegen die Zivil-
bevölkerung, schliesslich die innenpolitische
Zensur und die — in Westeuropa einmaligen
deutschen Berufsverbote. Ein Bündnis mit

den anderen Kritikern dieser Entwicklungen hiess nicht totale Übereinstimmung, sondern eine ad hoc-Zusammenarbeit. Im Scherz benutzten wir sogar ein biblisches Argument: Schliesslich hat Jesus auch mit den Zöllnern, den unteren Organen eines brutalen Imperiums, gegessen und zusammengearbeitet.

Auch die Sache mit dem Feindbild kann ich nicht so ernst nehmen. Es war nicht ein Feindbedürfnis, das uns antrieb. Die Gefolterten und Verschwundenen und die Verhungernden haben schliesslich reale Feinde: sie zu lieben bedeutet nicht, sie weisszuwaschen oder ihre Verantwortung zu verschleiern.

Der Punkt, der mich trifft, ist die Frage, ob wir die Opfer verschwiegen haben. Haben wir wirklich zwischen US-Opfern und SU-Opfern Unterschiede gemacht? Haben wir die Menschen in den Lagern des Gulag verdrängt? Habe ich das getan? Du? Waren wir auf einem Auge blind? Das glaube ich nicht. Ich habe mir manchmal gesagt: Das, z.B. die Selbstverbrennung von Pfarrer Brüsewitz (1976), steht schon in jeder Zeitung. Unser Interesse war, Öffentlichkeit herzustellen, Bewusstsein zu klären. Aber dieses Bewusstsein vom Unrecht, das in der DDR geschah, war so selbstverständlich da. Vielleicht hat es uns nicht mehr gestört und beleidigt. Aber

Prioritäten zu setzen, Interessenschwerpunkte, ist unumgänglich. Ich merke, ich bin nicht fertig mit dieser Frage.

Fulbert:
Ich nehme eine Formulierung von Dir: «Das Bewusstsein von Unrecht, das in der DDR geschah, war so selbstverständlich da. Vielleicht hat es uns nicht mehr gestört und beleidigt.» Ist das nicht eine ziemlich treffende Beschreibung von Zynismus — das Unrecht stört oder beleidigt nicht mehr? Einerseits die seismographische Wachheit gegen die Lebensbeleidigungen in der westlichen Welt — Gottseidank! Wenigstens die hatten wir — andererseits die Fühllosigkeit gegen Bautzen; einerseits die Wachheit gegen den ökologischen Wahnsinn in unserer Sphäre, andererseits die Blindheit gegen die ökologische Verwüstung in Polen oder in der alten CSSR. Du erwähnst Brüsewitz. Es ist interessant, unsere eigene Reaktion auf den Tod von Brüsewitz mit unserer Reaktion auf den Tod von Hartmut Gründler zu vergleichen. (Hartmut Gründler, ein Lehrer aus Tübingen, hat sich 1977 während des Energieparteitages der SPD vor der Petrikirche in Hamburg aus Protest gegen den Ökozid verbrannt.) Wir waren im Gottesdienst für Gründler, der sei-

nen Tod öffentlich machte und würdigte. Wir hatten einen heftigen Streit mit dem Hauptpastor, der den verzweifelten Akt entwichtigte. Bei Brüsewitz war es anders. Da haben wir uns eher wie jener Hauptpastor verhalten — relativierend und pathologisierend.

Wir haben den Realen Sozialismus nicht geliebt, aber wir haben ihn für ein noch nicht gescheitertes menschheitliches Projekt gehalten. Das war unser Recht, und dafür gab es Gründe. Aber es hat auch eine gefährliche Erkenntnisunfähigkeit der Linken gegeben; eine gefährliche Selbstwahrnehmungsunfähigkeit. Wir hatten ja die richtigen Optionen. Wir hatten ja die richtigen Themen und Perspektiven. Und damit schien alles andere ebenfalls gerechtfertigt: unsere Analyse, unsere Methoden, unsere Strategien, unsere Bündnisse. Wie konnten wir etwas falsch machen, wo wir doch auf der richtigen Seite standen!

Ich kann mir eine Christin nur schwer vorstellen, die nicht zugleich eine Kritikerin ihrer Tradition und ihrer Kirche ist.

Aber ebensowenig kann ich mir einen Sozialisten vorstellen, der nicht Kritiker seiner Tradition und seines Sozialismus ist. In Distanz zu sich selber und zu seinen Lebensentwürfen treten zu können, rettet Leben, vor allem das von anderen. Wenn wir aber sehen, wie der Sozialismus mit seinen Kritikern und Selbstkritikern umgegangen ist — na ja, wie die Kirchen, als sie noch Macht hatten.

Es gibt noch etwas, was uns Linken die Wahrnehmung von Realitäten und die Selbstwahrnehmung schwer gemacht hat: Wir sind die kleinere Gruppe, und wir sind angegriffen. Es hat Berufsverbote gegeben. Du hast nie einen Lehrstuhl an einer deutschen Fakultät bekommen. Minderheiten halten zusammen. Und in dem Interesse zusammenzuhalten wird die Zugehörigkeitsfrage manchmal wichtiger als die Wahrheitsfrage. Dazu kommt: wer um der guten Sache willen angegriffen wird, scheint von vorneherein im Recht zu sein. Man streitet ja nicht für sich, man ist doch selbstlos. Selbstlosigkeit und Wahrheit, Selbstlosigkeit und Güte sind offensichtlich leicht verwechselbar.

Dorothee:
Ich habe einige Schwierigkeiten mit deiner Form der linken Selbstkritik. Die Unfähigkeit, sich selber wahrzunehmen, nennst du es; «Charity begins at home» sagte meine Grossmutter mit demselben moralischen Unterton. Ist die Selbstwahrnehmungsunfähigkeit nicht etwas allgemein Menschliches, egal ob links, rechts oder goldene Mitte?

Ich habe die Geschichte der letzten 30 Jahre ganz anders erlebt, nicht in einem Triumphgefühl «richtiger» Themen, Perspektiven und Strategien, sondern mit der Erfahrung, winzige machtlose Minderheit zu sein, von Niederlage zu Niederlage. Was haben wir denn erreicht zwischen Hiroshima und dem Mururoa-Atoll, um nur ein zentrales Thema anzutönen? Ich möchte in dieser Frage wirklich Themen und Perspektiven von Strategien und Methoden unterscheiden. Was war denn komplexer und umstrittener als die Methoden und Vorgehensweisen innerhalb der Linken? Wenn ich etwas als «Wahrnehmungsunfähigkeit» erlebt habe, dann doch nicht so sehr in dem verengten Sinn moralischer Selbstgerechtigkeit, sondern eher im Sinn von Realitätsblindheit der wirklichen ökonomisch-politischen Macht gegenüber. Diese Blindheit hat verzweifelte junge Leute zur Gewaltanbetung verführt.

Erinnerst du dich, wie eines Tages in Köln ein schüchterner junger Mann bei uns auftauchte und mir, während nebenan ein Haufen Familie Mittagessen wollte, flüsternd erklärte, ich sei doch bekannt dafür, mich für unschuldig Verfolgte einzusetzen, blabla, ob ich nicht jetzt zwei dieser Menschen aufnehmen könne. Ich kuckte ihn an und sagte kopfschüttelnd, diese Leute — es konnte sich nur um Ulrike Meinhoff und Horst Baader handeln — seien nicht zu Unrecht, sondern zu Recht verfolgt, sie hätten einen unschuldigen Bibliotheksangestellten angeschossen.

Wir haben das danach lange diskutiert, aber ich glaube zumindest für die christliche Linke sagen zu können, dass die Richtigkeit der Ziele — also die Option für die Armen und die Erde — eine Gewissheit des Glaubens darstellt; wir haben uns diese Ziele ja nicht aus den Fingern gesogen, sondern in unserer Tradition ist uns gesagt, «was gut ist und was Gott von uns erwartet» (Micha 6,8).

Deswegen ist die Frage nach einer linken Selbstkritik für mich nicht so sehr die nach der gefährlichen Selbstgewissheit als die nach unserer objektiven Schwäche. Warum konnten wir denn diesen erträumten Sozialismus, diesen demokratiefähigen Sozialismus nicht vermitteln? Warum scheiterten alle Ansätze zu ihm? Ich denke noch einmal an die Niederlagen, von denen ich drei bewusst erlebt habe: die russischen Panzer in Prag 1968, die CIA-Machenschaften in Chile 1972 (mit mehr Folter und viel mehr Todesopfern) und das gegenwärtige Ende etwa der Menschenrechtsbewegung, die in der DDR eine gewaltfreie Revolution auf eine andere Zu-

kunft hin unternahm. Warum sind diese
— und tausend andere, kleinere — misslun-
gen? Vielleicht müssen wir die Fragen nach
den Ursachen des Scheiterns selbstkritischer
stellen.

Fulbert:
Die Linke als eine winzige, machtlose Minderheit, die von Niederlagen gebeutelt ist!
Wenn wir uns selber so sehen, verletzen wir
unsere Hoffnungen und lassen uns faszinie-
ren von dem, was wir nicht erreicht haben.
Wir haben keine Zeit, uns selber so zu entmu-
tigen. Es ist ja nicht wahr, dass sich nichts
verändert hat durch unsere Arbeit: die Schulen sind anders geworden; die Kirchen sind
anders geworden; die Gefängnisse und die
Justiz haben sich verändert; die Nazi-Zeit ist
anders im Gedächtnis eines ganzen Volkes.
Ich frage mich: gibt es bei Links-Protestanten
und bei allen Moralisten — es ist ein Ehren-
wort für mich — den gebannten Blick auf alle
Zerstörungen, der uns blind sein lässt für die
Widersprüche, an denen man arbeiten kann;
der uns auch blind sein lässt für alles, was
schon gelungen ist und was schon zu blühen
anfängt. Vielleicht ist dies ja eine sehr hu-
mane Untröstlichkeit, die das schon gewon-
nene Leben nicht aufrechnet gegen all das

Leiden, das noch da ist und das Menschen immer noch angetan wird. Andererseits gibt es den rituellen Pessimismus und die Bereitschaft, ständig und rosenkranzartig aufzuzählen, wo das Leben nicht geht. Man müsste beides können: jede kleine Blüte feiern, die die Gegenwart schon für uns hat, und unerbittlich und geradezu buchhalterisch im Gedächtnis behalten, wo den Menschen Leben vorenthalten wird.

Warum konnten wir den Sozialismus nicht vermitteln? fragst du. Ich habe eine kleine Liste von Anfragen an die West-Deutsche Linke, die mir nach der Wende durch den Kopf gegangen sind.

— Wie verhielten sich Friedensbewegung und Menschenrechtsfrage in unserer Auseinandersetzung?

— Was wiegelten wir ab unter dem Begriff der «Formaldemokratie»?

— Wo haben wir geschwiegen? und

— Wie wurde unser Schweigen produziert?

— Gab es oder gibt es einen linken Biblizismus?

— In welchem Verhältnis standen Taktik und Wahrheit?

Ich möchte diese Fragen etwas handlicher machen: Warum konnten wir uns so schwer vermitteln auch in vermittelbaren Grund-

Intentionen der Linken? «Der Sozialismus», soweit er real und erkennbar war, war nun wirklich schwer zu vermitteln. Aber warum, um ein bescheidenes Beispiel zu nehmen, haben wir uns als Politisches Nachtgebet in Köln dem Präses der Rheinischen Kirche, Joachim Beckmann, nicht vermitteln können, der ein Mann der Bekennenden Kirche war und der später, nach seiner Pensionierung, in der Friedensfrage erstaunlich eindeutig war? Ich frage nach unserem Anteil an dieser Unfähigkeit. Könnte es sein, dass da eine alte Prophetenkrankheit im Spiel war, nämlich die Wahrheit im Auge zu haben, nicht aber die Subjekte, denen man sie sagen will? Vermittlung braucht Geduld, Langsamkeit und Wiederholung. Man hat ja oft genug den Eindruck, dafür keine Zeit zu haben. Aber anders lernen Menschen nicht.

Zur Prophetenkrankheit gehört die Dämonisierung der Institutionen. Wieviele linke Studentinnen wollten Lehrerin werden gegen die Schule? Wieviele Studenten wollten Pfarrer werden gegen die Kirche? Wir waren in der Gefahr, Institutionen nur in ihrer Verderbtheit wahrzunehmen, nicht aber in ihrer Widersprüchlichkeit. Dies alles hat unsere Bündnislust und unsere Bündnisfähigkeit geschwächt.

Dieses sind natürlich nicht die einzigen Gründe dafür, dass die Linke nicht kraftvoller war. Aber wenn ich nach Gründen für unsere Schwäche suche, dann muss ich in der Tat im Sinne deiner Grossmutter (Charity begins at home!) bei uns anfangen. Vielleicht hätte es uns auch stärker und annehmbarer gemacht, wenn wir öffentlich an unseren Schwächen gearbeitet hätten; wir wären verwundbarer und überzeugender gewesen.

Streit um den armen Mann aus Nazareth

Dorothee:

«Verwundbarer» sagst du, ein Komparativ, der grössere Freiheit ausdrückt. Es ist ein Stichwort, das mich seit Jahren beschäftigt. Es hatte seinen Ort in der friedenspolitischen Diskussion. Wie, mit welchen Waffen können wir die Fenster der Verwundbarkeit schliessen, war — und ist! — eine militärpolitische Grundfrage. Jacques Delors formulierte kürzlich: «Wir müssen bereit sein für die Ressourcen-Kriege des 21. Jahrhunderts.» Wir sind verwundbar, wo unsere Privilegien antastbar werden. Ich habe versucht, das in der Friedensbewegung zu lernen, bin aber, wie unser Gespräch zeigt, nicht weit genug gekommen.

Heute ist der Ort, an dem dieses Stichwort aufleuchtet, noch ein anderer, ein theologisch relevanter. Wir haben ja schon gelegentlich über die Anfragen der feministischen Theologie an die herrschende diskutiert. Eines der wichtigsten Themen ist die Frage nach der Rolle, der Bedeutung Christi. Worin liegt seine Einzigartigkeit? Kann ein einzelner Mensch für alle andern «genuggetan» haben?

Ist die Sünde ein für allemal mit seinem Blut abgewaschen? Lässt sich nach Auschwitz so weiterdenken? Das sind dogmenkritische Fragestellungen, die jeden mitdenkenden Christen heute zu neuer, besserer Formulierung treiben.

Warum gerade Frauen hier ihre christlichen Zweifel anmelden, ist nicht nur eine Frage der Dogmatik, sondern vor allem eine der Wirkungsgeschichte. Aus dem einzigartigen Leiden Jesu wurde immer wieder abgeleitet, dass sich Frauen dem sie misshandelnden oder dem die Kinder missbrauchenden Mann zu unterwerfen hätten und wie Jesus ihr Kreuz auf sich nehmen sollten. Das Kreuz wurde an den Machtlosesten durchexerziert. Ich bin über diesen Punkt im Gespräch mit jüngeren Theologinnen, die ihre Kritik am Kreuz Jesu als dem Grundsymbol des Christentums festmachen; sie sehen es als ein Zeichen patriarchaler Gottesmacht und masochistischer Unterwerfung, das die realen Verhältnisse zwischen Männern und Frauen widerspiegelt. Ich versuche in dieser Auseinandersetzung, das Kreuz zu retten, es als den «Baum des Lebens» und nicht als das Symbol der Frauenunterwerfung zu verstehen. Ich versuche, Lebendigkeit und Verwundbarkeit in diesem Symbol zusammenzudenken. Aber gerade mit der unüberbietbaren Einzigartigkeit Jesu habe ich meine Schwierigkeiten. Sie will ich einbetten, relativieren in die Geschichte der leidenden Frauen und Männer.

Fulbert:
Zwei Fragen: die Einzigartigkeit Christi und die fatalen Folgen der Kreuzessymbolik. Lass uns zuerst über die Wirkungsgeschichte der Kreuzesfrömmigkeit reden! Was hat die Geschichte, zu der wir uns zählen, angerichtet? – Das ist eine der Hauptfragen, die wir uns zu stellen haben. Die Verklärung eines jeden Leidens zum Kreuz, zum von Gott auferlegten Leiden, das ertragen werden muss, das hat an vielen Stellen die Freiheit der Menschen, die Freiheit vor allem der Frauen verhindert. Die Kreuzesfrömmigkeit hat sicher oft jedes Leiden heiliggesprochen, ob es vermeidbares Leiden war oder nicht. Eine Hermeneutik des Verdachts ist also unerlässlich – und ungenügend. Das nun ist mein Problem: bei vielen Gruppen, auch einen Teil der Frauengruppen zähle ich zu ihnen, kommen die Texte und Traditionen des Christentums hauptsächlich bis ausschliesslich als angeklagte und als zu entlarvende vor. Wenn aber der Verdacht der Korruption

die vorrangige oder die einzige Form der Annäherung an diese Tradition ist, dann kann sie uns nicht mehr Lehrerin und Stimme im grossen Gespräch über die Generationen hinweg sein. Diese Traditionen sind nicht unsere Herren, das haben wir im Weg durch die Aufklärung gelernt. Aber wir sind auch nicht die ständigen Oberstaatsanwälte des Glaubens und der Glaubensformen unserer Väter und Mütter.

Ausserdem ärgert mich bei der Totalisierung der Hermeneutik des Verdachts, wie unhistorisch die Leute vorgehen. Sie beachten nicht, dass der Kreuzes- und Opfergedanke dort eine besondere Aufnahme findet, wo die Menschen ihrem Schicksal tatsächlich alternativlos ausgeliefert sind durch Hunger, durch Immobilität, durch Unwissen. Diese ans Kreuz ihres Schicksals Geschlagenen werden nun von uns aus der Ersten Welt beurteilt, die wir Alternativen haben (auf wessen Kosten auch immer) und die wir aufgeklärt sind. Könnte es sein, dass es bei uns eine Ideologie der Leidenslosigkeit gibt, die die Kreuzeskritik hervortreibt, wie es in alten Zeiten eine Ideologie des Kreuzes gab, die durch die alternativlosen Zustände hervorgetrieben wurde? Vielleicht können nur die Leidenden wissen, was Kreuzesfrömmigkeit bedeutet.

Die Tatsache der besonderen Nähe des Christentums zum Leiden und zu den Leidenden lässt sich nicht eliminieren. Du selber zitierst gern aus dem Buch «Die Botschaft des leidenden Volkes» von Carlos Mesters den von Schmerzen gepeinigten Priester Alfredo, der trotz seiner unerträglichen Pein bei seiner Gemeinde bleibt und mit ihr in ihrer Armut lebt. Ich zitiere aus diesem Buch ein paar Sätze des Priesters: «Ich denke, unser armes und leidendes Volk ist dazu berufen, heute der Gottesknecht zu sein, der durch sein Leiden allen die Gerechtigkeit und die Befreiung bringt.» Und dann fragte er: «Hast du verstanden, was ich damit sagen will?» Er sah Mesters an und fuhr fort: «Dein Gesicht sagt mir, du hast mich nicht verstanden. Du leidest ja auch nicht, was ich leide, und auch nicht, was das Volk leidet. Was ich eben gesagt habe, muss sich wie eine Torheit und wie ein Ärgernis anhören, so wie das Kreuz Christi eine Torheit und ein Ärgernis gewesen ist. Aber das Leiden muss einen Sinn haben. Im Kampf für die Gerechtigkeit und die Geschwisterlichkeit muss Platz sein für alle, sogar für den Krebskranken, der allein in seinem Bette stirbt. Wäre es nicht so, wozu wäre ich sonst hier in diesem Bett?»

Kann es sein, dass wir die Mystik des Leidens nicht mehr verstehen, weil wir nicht leiden wie unsere Väter und Mütter, die in ihr gelebt haben?

In der katholischen Kirche gibt es den geheimnisvollen Satz vom Schatz der Kirche. Alle Leiden, so sagt der Satz, sinken in die Wurzeln des Lebens. Keine Träne ist umsonst geweint. Und die Welt lebt vom Brot dieser Schmerzen. Ich weiss, wie gefährlich dieser Satz werden kann; vor allem, wenn ihn die Leidenden nicht selber sagen und damit die Würde auch ihres erlittenen Lebens einklagen, sondern wenn ihn die Tränenlosen pfäffisch dahersagen und ihn zu einer objektiven Lehre machen. Ich kann mich aber nicht durch den Missbrauch dieses Glaubens bannen lassen. Dieser Satz gibt niemanden auf und lässt nicht zu, dass etwas für verloren erklärt wird.

Dorothee:
Ausnahmsweise stimme ich dir ganz zu! Frömmigkeit im Volk Gottes und theologische Reflexion müssen unterschieden werden, wenn sie je wieder zusammenkommen sollen. Ich habe auch meine Zweifel an der Alleinherrschaft der «Hermeneutik des Verdachts». Ich vermute, wir werden in Zukunft auf eine «Hermeneutik des Hungers» zuge-

hen, schon um der spirituellen Magersucht zu begegnen, die sich immer mehr ausbreitet. Wenn die letzten Kreuze aus den öffentlichen Schulen entfernt sind, wenn die Lebensformen des Mangels, des Aberglaubens und der Unterworfenheit unter die Natur in Mitteleuropa verschwunden sind, wenn die Götzen «Fortschritt» und «Technologie» die alte mythische Welt des Heiligen besetzt halten, dann braucht niemand mehr eine «Hermeneutik des Verdachts». Schon heute beschädigt das Christentum immer weniger Leute, es langweilt immer mehr. Erst ein anderer Hunger nach Sinn, Erfüllung, Glück, eine post-materialistische Existenz wird die Traditionen neu lesen können, mit weniger Verdacht und mehr Staunen.

Erlösung — oder Befreiung?

Dorothee

Dabei scheint mir, um noch einmal auf das Thema der Christologie zurückzukommen, die dogmatisch fixierte absolute Einzigartigkeit Christi eher ein Hindernis als ein Lebensspender, eher Stein als Brot. Können wir im Ernst sagen, Jesus sei einmalig, unüberbietbar, letzter Ausdruck dessen, was Gott uns anzubieten hat? Oder ist er eine Gestalt der Hoffnung, des Lebens?

Die Befreiungstheologie hat das neutestamentliche Wort SOTERIA nicht mit «Erlösung», sondern mit «Befreiung» übersetzt. Darin höre ich nicht einen einmaligen Akt Gottes, der auf Bestrafung verzichtet, sondern einen weitergehenden Prozess, in dem Christus immer neu in Bethlehem, Schlesien und anderswo «geboren» wird, d.h. lebt, leidet und aufersteht. Die «christic power», wie Carter Heyward es nennt, besteht gerade darin, dass sie sich an andere verteilt. Ohne dieses mystische Element des «empowerment» und der bleibenden Hoffnung auf die «messianische Zeit», die eben nicht in der Formel vom schon erschienenen Messias Christus abgegolten ist, kann ich mir eine lebendige Beziehung zu Christus überhaupt nicht vorstellen.

Fulbert:
Die Befreiungstheologie übersetzt SOTERIA mit Befreiung. Die Befreiungsfrömmigkeit und ihre liturgische Praxis übersetzen es mit Erlösung und Befreiung. Niemand will doch Erlösung, Befreiung und «empowerment» auseinanderreissen. Ich will doch keinen passivistischen Erlösungsbegriff, in dem das Subjekt dispensiert ist. Ich möchte Erlösung und Befreiung nur auch für die denken und glauben, die ihrer Subjektivität aufs äusserste beraubt sind und deren Kraft in der Tat Befreiung nicht herstellt. Lass mich noch eine Geschichte aus dem Mesters-Buch zitieren! Bei dem Bibelgespräch über die Leiden des Gottesknechts bei Jesaia sagt ein junger Bauer: «Ich bin wohl dafür, das Kreuz zu tragen, aber nur das Kreuz, das dem Volke Befreiung bringt.» Er will die Entbehrungen auf sich nehmen bei der Organisation von Streiks. Er will die Todesgefahr auf sich nehmen, wenn er gegen den Landraub der Grossgrundbesitzer kämpft. Mehr nicht! Jedem anderen Leiden spricht er den Segen und die Hoffnung ab. Eine Bäuerin widerspricht

ihm: «Aber wie sieht das Kreuz aus, das dem Volk Befreiung bringt? Ich habe einen Jungen zu Hause. Er hat eine Lähmung. Jetzt ist er schwachsinnig. Er kann nicht laufen und nicht sprechen. Was soll ich machen mit diesem Leiden? Bringt es dem Volk Befreiung? Gibt es einen Platz für mich in der Gemeinde? Und für meinen Jungen?»

Diese Frau hat sich das Recht genommen, das Leiden ihres schwachsinnigen Sohnes und ihr eigenes zu Gottesknechtsleiden zu erklären. Was heisst hier empowerment? Das Kind wird seine Leiden vermutlich ein Leben lang nicht los. Doch die Frau behauptet, dass es Gottesknechtsleiden sind, d.h. also Leiden, von denen nach Jesaia Heilung ausgeht. Und weiter ist gesagt, dass der Leidende das Erbteil besitzen wird. Wer kann diesen Leidenden ins Auge schauen und ihre Hoffnung bestreiten?

Ich bin schon bei deiner Frage nach der Einzigartigkeit Christi. Die christliche Frömmigkeit hat die Leiden Christi in die Leiden der Menschen hineingesehen. Sie hatte nicht hauptsächlich Trennungsinteressen. Las Casas sieht «in Westindien Christus, unsern Gott, gegeisselt und bedrängt, geohrfeigt und gekreuzigt, und zwar nicht einmal, sondern Tausende von Malen, insofern die Spanier die Menschen dort niedermachen und zerstören ... und ihnen das Leben vor der Zeit nehmen». Elisabeth von Thüringen entdeckt im Gesicht eines verlassenen und hungrigen Kindes das Antlitz Christi. Helder Camara sieht die Kinder seines Volkes mit ihren aufgeblähten Hungerbäuchen und erkennt: «Es ist Christus, dem ich begegne.» Die Frömmigkeit hat wenig Trennungsinteressen. Sie entdeckt Christus im verlorenen Kind und in den ausgeplünderten Indianern.

Ich möchte eigentlich nicht fragen, ob das Leiden Christi und sein Erlösungswerk einzigartig ist oder nicht. Die Frage enthält etwas Verderbliches. Mit dem kostbaren Namen Christi wird Konkurrenz, Aufwertung und Abwertung, Überlegenheit und Unterlegenheit verbunden. Ich möchte vielmehr fragen, was es heisst, einen guten Ursprung zu haben; ein Datum, von dem her ich mich endgültig verstehe. Diesem Datum gebe ich allerdings einen biographischen Vorrang vor allen anderen Daten, Personen und Ereignissen. Aber ich enthalte mich des Urteils über die anderen Personen, Daten und Ereignisse. Ich vergleiche nicht, sondern ich setze auf den Namen Christi. Er ist der Ausgangspunkt meines Selbstverständnisses und meiner Hoffnung. (Es fällt mir übrigens schwer, an dieser Stelle Ich zu sagen; aber ich will niemand in meine Auffassung zwingen.)

Was aber sage ich inhaltlich mit diesem Namen? Ich bekenne damit, dass Gott sich in seinem Schicksal verloren hat in diese Welt. Ich bekenne weiter damit, dass ich nicht mein eigener Ausgangspunkt sein muss. Es liegt meinem Leben etwas vor: das Leben und der Tod Christi. Ich bin befreit von einer Grundverzweiflung, nämlich der, mein eigener Lebensretter und Liebhaber sein zu müssen.

Ich sage nichts über andere Lebensentwürfe, und ich sage nichts über andere, die andere Grunddaten haben. Ich hasse es aber, mich in verderbliche Vergleiche zu begeben.

Dorothee:
Du nimmst Christus als den, in dessen Gesicht wir Gott erkennen können. Du fragst «in» Christus, mit seiner Stimme, durch ihn nach Gott, dem grösseren Gott, der auch andere Namen hat, wie Grosser Geist oder Allah oder die Namenlose. Du besetzt, wenn ich so sagen darf, den Ort Gottes nicht vollständig mit dem Namen Christi. Er hat Gott nicht vollständig entschlüsselt, nicht absolut sagbar gemacht, er liess das Geheimnis Geheimnis sein. (Worin die wirkliche Offenbarung besteht.)

Mich hat es immer verstört und theologisch aufgeschreckt, wie der heilige Augustinus mit dem Gebet Jesu am Kreuz, dem 22. Psalm, umgegangen ist. Er konnte das «Mein Gott, warum hast du mich verlassen?» als Christi Stimme nicht akzeptieren. Der es sprach, war für den scharf denkenden Kirchenvater nicht der ganze Christus, nicht die zweite Person der Gottheit, sondern nur sein menschlicher Teil, seine menschliche «Natur». Es war ihm dogmatisch unerträglich, zu denken, dass Christus am Kreuz sich von Gott verlassen sah. Müsste er nicht heute auch einige Anfragen an die christliche Dogmatik richten, ganz im Sinne dessen, was christliche Feministinnen fragen? Ich meine, wir hören in diesem Gebetsschrei den Juden Jesus, der Gott auch in diesem Augenblick des verlassenen Sterbens über alle Dinge liebte. Mehr als das brauche ich nicht.

Fulbert:
Wir hören in diesem Gebetsschrei den Juden Jesus in der Verlassenheit seines Sterbens. Ich höre darin die Schreie aller, die sterben. Und ich sage, was die Tradition immer gesagt hat: ich höre darin den Schrei Gottes, der ausgewandert ist aus dem Land seiner Herrlichkeit und sich in unseren Gestalten in der Welt

herumtreibt — als die Kinder mit den dicken Hungerbäuchen, als die geschlagene Frau und als die Indianer, die von den Spaniern zwangsgetauft werden.

Ich möchte von diesem Tod sagen können, was Paul Gerhardt in seinem Lied singt:

Dein Seufzen und dein Stöhnen
und die viel Tausend Tränen,
die dir geflossen zu,
die sollen mich am Ende
in deinen Schoss und Hände
begleiten zu der ewgen Ruh.

Antijudaismus im Christentum

Fulbert
Ich sehe also Christi Leben und Sterben an
als den Grund meiner eigenen Existenz. Ich
weiss, dass ein Teil der Feministinnen hier
Einspruch erhebt, in dieser Besonderheit
Christi Antijudaismus und düstere Sühnetheologie vermutet. In der Tat hat sich ja der
Antijudaismus und der christliche Antisemi-
tismus an nichts so entzündet und formuliert
wie an der Christologie. Trotzdem: die eigene
Deutlichkeit zu vermeiden und das eigene
Gesicht zu ver-stecken ist kein Weg der Verständigung und der Toleranz. Die Wahrnehmung des Anderen hilft mir zu meiner geläu-
terten Eigentlichkeit und macht mich selber
nicht undeutlich oder unsichtbar.

Die Sühnetheologie hat uns lange die Bedeutung des Lebens und des Sterbens Christi
verstellt. Es war ein hilfloser und zeitbeding-
ter Erklärungsversuch, der dann in der liturgischen und dogmatischen Welt seine fatale
Endgültigkeit bekam. Mit der Abschaffung
jeder Bedeutung des Todes Christi hat man
zwar die Sühnetheologie erledigt, aber mit
ihr auch alles andere. Was der Tod Jesu be-

deutet, erkläre ich mir gern am Tod der französischen Jüdin, Philosophin und Sozialistin Simone Weill. Sie geht 1940 in den Widerstand, wird verhaftet und wieder freigelassen. 1941 geht sie mit ihren Eltern nach New York. Sie selber verlässt diese Sicherheit, um bei ihrem leidenden Volk zu sein. Sie geht nach England, da sie nicht nach Frankreich kann. Dort weigert sie sich, mehr zu essen, als den Franzosen auf ihren Lebensmittelkarten zugeteilt war. Sie stirbt. Auf ihrem Totenschein steht: Versagen des Herzens infolge Unterernährung und Lungentuberkulose. Simone de Beauvoir sagt über sie: Sie hat ein Herz, das imstande ist, für den ganzen Erdkreis zu schlagen. Charles de Gaulle über sie: sie ist verrückt!

Wem hat dieser Tod genutzt? Was hat er bewirkt? Ist eine Jüdin, ist ein Franzose weniger gestorben wegen dieses Todes? Aber das sind falsche Fragen. Da ist ein Mensch, der nicht anders kann, als dort zu sein, wo anderen das Lebensrecht genommen wird. Die Welt ist nicht gesund geworden an ihrem Tod. Aber was wäre die Welt ohne solche Geschichten und ohne die Erinnerung an die Torheit der Liebe! Simone Weill hat sich den Tod nicht gewünscht, sondern das Leben. Aber sie fand es unerträglich, nicht dort zu sein, wo ihre Geschwister sterben. Sie ist am Schicksal ihres Volkes gestorben. Ihr Tod war das Unglück eines radikalen Herzens.

Gibt es eigentlich eine bessere Erklärung des Todes Jesu? Kein Tod ist gut, der dem Menschen gewaltsam aufgepresst wird. Auch nicht der Tod von Simone Weill, auch nicht der Tod jenes Gerechten am Kreuz. Aber gut ist die Güte. Gut ist die Leidenschaft Gottes, der nirgendwo anders sein will als dort, wo das Leben geschändet wird. «Emmanuel» hat die Tradition Gott genannt — Gott bei uns! Der aus unseren Schicksalen und unseren Toden nicht vertreibbare Gott. Das ist das Kreuz. Es rettet nicht die Menge des geflossenen Bluts. Es rettet die Solidarität dieses durch nichts auszutreibenden Gottes.

Ich frage mich selbst: was heisst es, dass ich den Tod Christi durch den Tod eines anderen Menschen zu erklären versuche? Das heisst doch, dass es eine Gemeinsamkeit zwischen seinem Tod und den anderen in Solidarität gestorbenen Toden gibt. Der «Tod für andere» wäre damit ein menschheitlicher, nicht nur ein christlicher Gedanke.

Dorothee:
Das ist eine Christologie ohne Sühnevorstellung, ohne Aufrechnerei à la «Er hat genug

für uns getan», um den Gott, der strafen muss, zu versöhnen. Aber ich möchte noch einen Schritt weitergehen in der Kritik an der theologischen Nomenklatur. Und ich halte diesen Schritt für notwendig nach dem, was in unserem Jahrhundert geschehen ist.

Das Christentum hat emphatisch darauf bestanden, dass Christus der Messias ist und dass in ihm die messianischen Hoffnungen des Judentums ‹erfüllt› sind. Daran habe ich schon lange gezweifelt, und ich kann die Stimme der jüdischen Geschwister an diesem Punkt nicht überhören. Sind ihre Hoffnungen abgegolten?

Mir ist diese Frage zum erstenmal unter die Haut gegangen, als ich Anfang der 60er Jahre einen jüdischen Roman las, der die Verfolgungsgeschichte der Juden vom Mittelalter an bis zur Shoah in der Geschichte einer Familie spiegelt. «Der Letzte der Gerechten» heisst dieses schöne Buch, sein Verfasser, André Schwarz-Barth, stammt aus einer sehr armen polnischen Familie, die nach Frankreich gezogen war. Die beiden Eltern und drei Geschwister wurden von den Nazis verschleppt, man weiss nicht, wie sie zugrundegegangen sind, es wurden keine Spuren von ihnen gefunden. Die Muttersprache von André Schwarz-Bart war Jiddisch, und diese indessen vernichtete Kultur und Frömmigkeit des Chassidismus prägt auch die Auseinandersetzung zwischen den beiden verschiedenen Religionen, wie er sie zeichnet.

Im Jahre 1240, so wird da erzählt, ordnete der König Ludwig der Heilige eine Disputation zwischen jüdischen und christlichen Theologen an. «Dem Brauche gemäss standen die Talmudgelehrten des französischen Reiches in einer Reihe dem kirchlichen Tribunal gegenüber. Bei diesen sonderbaren Disputationen schwebte über jeder Antwort der Talmudgelehrten der Martertod. Der Reihe nach ergriffen sie das Wort, auf dass diese Drohung gerecht verteilt sei. Auf eine Frage des Bischofs Grotius hin, die sich auf die Göttlichkeit Jesu bezog, entstand eine sehr begreifliche Unschlüssigkeit. Aber plötzlich sah man Salomon Levi hervortreten, der sich bis dahin etwas im Hintergrund gehalten hatte wie ein durch eine Versammlung von Männern eingeschüchterter Jüngling. Schmächtig wirkt er in seinem schwarzen Gewand, und zögernd begibt er sich vor das Tribunal. «Wenn es stimmt», flüstert er mit gedrückter Stimme, «wenn es stimmt, dass der Messias, von dem unsere alten Propheten reden, schon gekommen ist, wie erklärt ihr dann den gegenwärtigen Zustand der Welt?» Darauf, hüstelnd vor Angst und mit einer Stimme, die nur noch wie ein dünner Faden ist: «Edle Herren, die Propheten haben doch gesagt, dass bei der Ankunft des Messias Weinen und Stöhnen aus der Welt verschwinden würden, hm … nicht wahr? Dass Löwen und Schafe nebeneinander weiden würden, dass der Blinde geheilt sein und der Lahme wie ein … Hirsch springen werde! Und auch, dass alle Völker ihre Schwerter zerbrechen würden, o ja, um aus ihnen Pflugscharen zu giessen, hm, … nicht wahr?» Schliesslich, den König Ludwig traurig anlächelnd: «Ach, was würde man sagen, Sire, wenn Ihr vergässet, wie man Krieg führt?»

Auch dieser kleine Rabbi zahlt den blutigen Preis für die Antwort, die er und seine Tradition gegeben haben. Er tut etwas Urjüdisches, er antwortet nicht auf der Ebene der Philosophie, mit deren Hilfe die mittelalterliche Theologie die Göttlichkeit Jesu zu beweisen suchte, sondern auf der der Praxis. Er fragt nicht nach den Seinsqualitäten des Nazareners, sondern nach seiner Wirkung in der Geschichte.

Er antwortet nicht auf der Ebene reiner, absoluter Transzendenz, sondern innergeschichtlich sucht er nach den Spuren Gottes.

Er wird zur allgemeinen Erbauung in die Flammen des Talmud geworfen und verbrannt, dieser Rabbiner Salomon Levi, den man seither den Traurigen Rabbi nennt.

Ich glaube, ich bin im Lauf der Jahre immer jüdischer geworden im Hören auf diese Kritik am dogmatischen Christentum. Um der Messias zu sein, muss Christus schon nochmal wiederkommen, und wenn wir aufhören zu warten auf einen anderen Himmel und eine andere Erde, dann haben wir das Entscheidende verfehlt. Wir müssen «Judenchristen» werden und nicht Heidenchristen, Konstantinchristen oder Deutsche Christen!

Eine alte Prophetenkrankheit

Fulbert:

Als wir unsere Streitpunkte sammelten, fiel uns bald unsere häufige Auseinandersetzung um das Thema Liberalität ein. Du vertrittst eine Linie der Linken, welcher Liberalität als Theorie und Praxis der Ermässigung verdächtig ist. Toleranz ist bei dir eher ein verdunkelnder Begriff, Liberalität eher in der Nähe von Scheissliberalität, und Pluralismus und «pluralistisch» benutzt du eher als Spottbegriffe. Unsere liberalen Freunde liebst du mit Ingrimm. Was verstehe ich unter Liberalität und was schätze ich an ihr? Liberalität ist das Bewusstsein davon, dass die Wahrheit gewonnen wird im Streit der Geschwister. D.h.: die da miteinander streiten, sind Geschwister, weil ihr Ziel nicht der Sieg im Streit ist, sondern die Förderung der Wahrheit. Das Wort «Geschwister» brauche ich, weil es ein demokratisches Element enthält: Keiner ist im Besitz der Wahrheit. Die Wahrheit ist vielmehr ein Gespräch. Sie wird nicht vermittelt durch einen Papst, sie steht auch nicht einfach in einer Bibel, sondern sie wird vorangetrieben, indem Menschen miteinander ihre Teile der Wahrheit vergleichen. Meine Wahrheit braucht die Ergänzung oder auch den Einspruch durch die Wahrheit der anderen. Liberalität ist das Bewusstsein davon, dass ich nicht unfehlbar bin. Liberalität ist die Fähigkeit, Aporien zu ertragen und Widersprüche aushalten zu können und nicht gewaltsam Lösungen gegen die Wahrheit zu erzwingen. Diese Liberalität hat in der Tat etwas mit Gewaltlosigkeit zu tun. Es ist nicht der Verzicht auf die Wahrheit, sondern das Warten auf sie. Liberalität ist auch das Bewusstsein von Verständigung und Friedensmöglichkeit im Streit, nicht vor dem Streit und nicht erst nach dem Streit.

Dorothee:
Ich will zunächst einmal sagen, was mir an Toleranz missfällt. Natürlich gar nichts, ausser der Inflation, die dieser Begriff in den letzten Jahren erfahren hat. Da werden in Mölln oder Solingen türkische Kinder ermordet, und alles, was uns dazu einfällt, ist der Ruf nach mehr Toleranz. Reicht uns das für die Täter, diese verwahrlosten, perspektivelosen Jugendlichen? Ist das genug für eine mögliche Umerziehung, eine Umorientierung?
Aber auch für die Opfer, die bedrohten

Ausländer, die Behinderten, die Obdachlosen frage ich mich: ist ihnen denn mit Toleranz geholfen? «Eure Armut kotzt mich an» haben wir vor kurzem als Autoaufkleber gesehen. Vielleicht ist der Fahrer relativ tolerant, wirft weder Steine noch Brandsätze.

Ich glaube, was sich wirklich verändert hat mit den 90er Jahren, ist mit diesem schönen aufklärerischen Stichwort nicht erfasst. Was sich da auflöst und unsere Verhältnisse immer gewaltförmiger macht, hat mit der Duldung des anderen, der anderen Meinung, der anderen Religion, Hautfarbe, Haartracht sehr wenig zu tun. Ich finde den Begriff zu eng, zu schwach, zu «nett». Er versucht, Verhalten zu korrigieren, ohne die Ursachen anzutasten. Der «Individualisierungsschub», von dem die Soziologen seit den 90er Jahren reden, der schon die zehn Jahre Älteren von der letzten Generation von Jugendlichen trennt, kann durch Toleranz gemildert werden; verändern lässt sich so nichts. Mir kommt es so vor, als solle der — natürlich ebenfalls missbrauchbare — Grundbegriff der Solidarität mit denen, die ausgegrenzt werden oder Unrecht leiden, ersetzt werden durch die Tolerierung des Elends.

Du erinnerst dich sicher an unsere langen Diskussionen im Zusammenhang des Kölner

Nachtgebets um die Frage: Caritas oder Veränderung? Sollen wir unmittelbar helfen, wo Not ist, oder sollen wir versuchen, die Ursachen der Not zu benennen und einzuklagen? Was ich aus diesen Konflikten zwischen Traditionalisten und Radikalen gelernt habe, war, dass diejenigen, die sich wirklich auf die Nöte abgehauener Kinder, geschlagener Frauen, politischer Flüchtlinge einliessen, ganz von selber weiterfragten. So dass der Gegensatz von Caritas und Politik sich in eine gleitende Skala auflöste. Könnte es nicht mit dem Toleranzbegriff ähnlich gehen, dass er sich öffnet zu Analyse und Alternative? Falls nicht, müssten wir ihn besser mit einem Schlagwort der Postmoderne als «anything goes» benennen.

Fulbert:
Wenn ich dich recht verstehe, polemisierst du gegen die, die von der Toleranz die Rettung allen Lebens erwarten. Es gibt eine Haltung der Hoffnungslosigkeit und des Zynismus, in der man es längst aufgegeben hat zu glauben, dass gesellschaftliche Gerechtigkeit herzustellen sei. Die Wahrheit scheint nicht erkennbar, Gerechtigkeit nicht machbar. Toleranz soll einfach nur das letzte Unglück verhindern: dass einer den anderen umbringt.

Diese Toleranz rettet niemanden, weder die Täter noch die Opfer.

Toleranz muss aber nicht ein so müder und resignativer Begriff sein. In ihm kann doch mitgedacht sein Entschiedenheit, Glaube an die Erkennbarkeit der Wahrheit und an die Herstellbarkeit des Rechts. Dann aber ist Toleranz eine Tugend, die Leben rettet, weil sie auf Gewaltlosigkeit aus ist.

Gewiss kann man fragen, ob der Begriff nicht zu wenig einklagt: Meinungsfreiheit, Religionsfreiheit, Redefreiheit. Man kann fragen, ob die, die ihn einklagen, nicht zu schnell zufrieden sind, wenn die formalen Freiheiten garantiert sind. Man kann sagen, dass dieser Begriff meistens von ökonomisch unabhängigen Bürgern eingeklagt wird, die mit ihm auch die vollkommene Freiheit des wirtschaftlichen Handelns fordern — Toleranz also als ungehemmte und bedenkenlose Freiheit zum Profit. Es könnte also sein, dass durch den brutalen Wirtschaftsliberalismus Begriffe wie Liberalität und Toleranz ihren Freiheitsgeschmack verloren haben.

Toleranz war in ihren besten Zeiten ein Begriff, der von unten nach oben verlangt wurde: die Meinungs-, Rede- und Pressefreiheit gegen den autoritären Staat, gegen eine autoritäre Kirche. Ist es ein wichtiger Begriff, nachdem alle Institutionen liberal geworden sind: die Kirchen, die Schulen, die gesellschaftlichen Institutionen?

Vielleicht hat auch dies den Begriff entwertet, dass seine augenblickliche Selbstverständlichkeit zustande gekommen ist durch den Verlust von leitenden Ideen in einer Gesellschaft. Du erwähnst den Porschefahrer mit seinem Aufkleber: «Eure Armut kotzt mich an!» Das ist vielleicht schon ein Zeichen eines selbstverständlichen Zynismus, der die Idee von der Gerechtigkeit für alle längst verschlungen hat. Es hat einmal Gruppen in der Gesellschaft gegeben, in denen diese Idee von der Gerechtigkeit und vom Leben für alle ihre besondere Stelle hatte: das Christentum, den Sozialismus. Mit ihrem Verschwinden, mit dem Verstummen ihrer Lieder, ihrer Erzählungen verstummt das Recht selber. Was bleibt, ist vielleicht ein schwacher Toleranzbegriff als Recht für alles, auch für das Unrecht.

Trotz allem: die Lager, die Gulags, die Townships sind noch nicht lange genug vorbei, als dass wir die Tugend der Duldung vernachlässigen könnten. Sie sind noch nicht überall vorbei, und sie sind in uns selber noch eingerichtet.

Menschenrechte im Neoliberalismus

Dorothee:

Ich will noch einmal an deine Bestimmung von Toleranz als Meinungs-, Rede-, und Pressefreiheit anknüpfen. Ich habe gerade ein horrendes Beispiel ihrer Verletzung aus den USA zur Kenntnis genommen. Es ging um eine Ausstellung zum 50. Jahrestag des Abwurfs der Atombombe auf Hiroshima, die in einem Washingtoner Museum, der hochangesehenen Smithsonian Institution, organisiert wurde. Diese Ausstellung, von einem Historikerteam im Entwurf gebilligt, wurde von Sprechern der neuen Rechten und Kriegsveteranen zensuriert. Der Streit darum, ob die Bombe gerechtfertigt und kriegsentscheidend war, wurde nicht geführt, sondern in einer beispiellosen Säuberung der Geschichte für die Öffentlichkeit aus der Welt geschafft. Alles, was dieser gesäuberten Geschichtsdeutung widerspricht, wurde verbannt. Die berühmten Bemerkungen von General Eisenhower «Es war nicht notwendig, dieses schreckliche Ding auf sie abzuwerfen» oder vom führend beteiligten Admiral Leahy «Wir machten uns die ethischen Massstäbe von Barbaren zu eigen . . .» wurden entfernt. Am meisten verstört hat mich eine sprachliche Kleinigkeit: das Wort «Zivilisten» für die 200 000 Opfer, die meisten davon Frauen, Kinder und alte Leute, wurde im Ausstellungstext überall gestrichen und durch «Leute» ersetzt (Le Monde diplomatique, August 1995). Der Museumsdirektor verlor seine Stelle, einem Professor wurde geraten, sich nicht öffentlich zu äussern. Wer die in der Friedensforschung fast einhellige Meinung vertritt, dass Japan sowieso kapitulieren wollte und die Bombe der Anfangssieg im Kalten Krieg gegen Russland war, gilt als «unpatriotisch».

Was wäre Toleranz hier? Eine gemeinsame Wahrheitssuche nach den Ursachen dieser Menschheitskatastrophe. Aber gerade sie braucht einen machtfreien, einen herrschaftsfreien Raum, der offenbar nicht mehr gegeben ist. Und damit komme ich vielleicht zum Kernpunkt meiner Anfragen. Wo ist Toleranz möglich? Wer ist ihr Subjekt? Der mündige citoyen? Die Gemeinschaft der Forschenden?

Ich will aber noch eine andere Frage an den Liberalismus stellen, die in der Gegenwart aktuell ist. Der klarste politische Ausdruck liberalen Denkens ist heute das Insistieren auf der Menschenrechtsfrage. Gerade sie aber wird — nach dem Endsieg des Kapitalismus — nur verkürzt gestellt. Neben den Rechten auf Freiheit der Meinung, Rede und Presse gibt es andere grundlegende Rechte der Menschen, die sich aus den ‹basic needs› ableiten. Ernährung, Erziehung, Gesundheit, Obdach und Arbeit sind ebenfalls Menschenrechte. Die Pressefreiheit nützt denen nichts, die nicht lesen lernen dürfen. Die Meinungsfreiheit ist für eine Mutter von verhungernden Kindern nicht besonders interessant. Es ist kein Zufall, dass die Toleranz eine bürgerliche Errungenschaft ist und die genannten grundlegenden kollektiven Menschenrechte voraussetzt. Gerade sie werden aber einer Mehrheit der Weltbevölkerung verweigert.

Fulbert:
Ich verteidige mit Liberalität nicht Liberalismus. Liberalismus ist eine politische Richtung, Liberalität eine Tugend, die wenigen gelingt.

«Die Pressefreiheit nützt denen nichts, die nicht lesen und schreiben können!» Das war ein Argument, das man ständig hörte, wenn man die real existierenden Sozialismen kritisierte. Das war eine fatale Unterschätzung demokratischer Rechte; «formaldemokratisch» wurden Meinungs-, Rede- und Wahlfreiheit genannt. In dem Wort lag die ganze Abwehr und Geringschätzung von Toleranz und politischer Freiheit. Immerhin sind viele Tausende für das Recht, Bücher zu lesen, die Musik zu spielen, die sie wollen, den Glauben zu haben, zu dem sie sich entschieden haben, ins Gefängnis gegangen. Offensichtlich war diese Freiheit einigen so wichtig wie das Brot und das Leben.

Ausserdem haben totalitäre Systeme, die die bürgerlichen Freiheitsrechte nicht gestattet haben, immer auch ganze Menschengruppen zur Vernichtung freigegeben.

Totalitäre Systeme können nichts anderes denken als sich selbst. Sie können nirgends andere Wahrheit vermuten als bei sich selber, und darum neigen sie dazu, auszulöschen, was nicht zu ihnen gehört. Ich meine damit nicht nur totalitäre Grosssysteme. Ganz ähnlich, wenn auch mit weniger Macht, können totalitäre Kleinsysteme in sich selber verblendet sein.

Ob ein System — auch ein kleines — totalitär ist oder nicht, hat weniger mit seinem Inhalt zu tun als mit seiner inneren Struktur. Darum interessiert mich nicht nur, was eine Gruppe inhaltlich vertritt, sondern wie sie

innerlich strukturiert ist. Ist sie feindbedürftig? Ist sie kompromissfähig? Ist sie realitätsfähig? Ist sie sprachfähig, oder gibt es
Sprachdiktate? Kann sie Widersprüche erkennen? Ist sie rechtsfähig, d.h. lässt sie sich
von aussen begrenzen und erkennt sie forma-
les Recht an? Die totalitäre Struktur einer
Gruppe kann ihre besten Ziele vernichten.

Dorothee:
Es ist mir peinlich, wenn du so kräftig ins
antitotalitäre Horn tutest. Ich greife doch
nicht die bürgerlichen Freiheiten an, ich
weise nur auf ihre Begrenztheiten im realexistierenden Kapitalismus hin. Ein Beispiel aus
der Wendezeit: Die Bürgerrechtsbewegten
der DDR haben vergeblich versucht, in Bonn
eine aus den Erfahrungen der beiden
Deutschland gespeiste Verfassungsreform
durchzusetzen. Ein wichtiger Punkt in dieser
Debatte war das «Recht auf Arbeit». Aber
selbst das gelangte nicht ins Grundgesetz.
Warum nicht? Weil es in der Ideologie des
Neoliberalismus nicht vorgesehen ist. Weil
Menschen unwichtig sind gegenüber dem,
was «sich rechnet», wie es so treffend, so
subjektlos, so naturwüchsig seit den 90er
Jahren heisst.
  Deine Liberalität ohne Neoliberalismus

88

kommt mir ein bisschen so vor wie mein demokratischer Sozialismus ohne realexistierenden. Ist das nicht beides hilflos, gutgemeint, ohnmächtig?

Ich höre aber noch etwas anderes mitklingen, das mich beunruhigt. Das ist eine, in meiner Wahrnehmung modische, Kritik am Christentum oder auch schon an dem jungen Radikalen aus Nazareth. Sicher war er nicht «feindbedürftig», und ohne Zweifel hat er viel dazu getan, die herrschenden Sprachdiktate — wie rein oder unrein — aufzuheben. Aber war er kompromissfähig? Oder gar, wie du es ausdrückst, «realitätsfähig»? Gegen dieses Wort habe ich etwas. Es kommt mir oft so vor, als wäre die Welt ein Gefängnis, als gäbe es keinen Ausweg aus den Katastrophen, die wir sehenden Auges vorbereiten — und da kommst du und ermahnst mich, doch endlich «gefängnis-fähig» zu werden.

Fulbert:
Ich weiss nicht, ob du Jesus in dein Schema von Radikalität kriegst. Sein Charme liegt auch in seiner Widersprüchlichkeit. Er war gelegentlich ein Johannes-der-Täufer-Typ, der hauptsächlich die Axt sah, die schon an die Wurzeln gelegt ist. Er war radikal. Und er liess Zeit — was den Radikalen immer

schwer fällt. Er liess dem Baum, der bisher unfruchtbar war, Zeit für Früchte. Sein Milieu waren Zöllner und Sünder. Aber er heilte auch die Kinder von Militärs und Besatzern, und gelegentlich ass er mit höheren Priestern und Reichen. Er hatte gelegentlich apokalyptische Visionen, und er ass und trank mit seinen Leuten, so dass seine Feinde ihn vielleicht nicht ohne Grund Fresser und Säufer nannten. Er hatte Mitleid mit dem Volk, vielleicht sogar auf Kosten seiner Ideen und seiner Radikalität. Er war ein Gerechter und ein grosser Liebhaber, vielleicht doch mehr als ein Radikaler. Das Wort benutze ich selten, weil es mir zu formal ist. Wofür und auf welche Weise jemand radikal ist, das möchte ich jedenfalls immer dazu wissen. Jesus hat Menschen doch mehr geliebt als Ideen. Er hat Menschen mehr geliebt als die Radikalität.

Du kannst doch nicht übersehen, was die Kompromisslosigkeit und die Realitätsunfähigkeit an Opfern gefordert hat. Wir kämpfen zwar gegen Joachim Fest und alle die anderen Anti-Träumer, aber wir können doch ihren Hinweis auf die Gefahr der gegenwartsunfähigen Futuristen nicht übersehen. Was schätzt du, wieviel Millionen in diesem Jahrhundert — um die anderen auszuspa-

ren — daran gestorben sind? Sag jetzt nicht,
die blanke Ideenunfähigkeit und der gerech-
tigkeitsunfähige Liberalismus hätten mehr
Opfer gefordert. Darüber sind wir einig und
es ist kein Einwand gegen den Tod derer, die
auf dem Altar der Ideen geopfert wurden.

Die kleine und die grosse Schönheit

Dorothee:

Die Bibel formuliert unsern Streit, glaube ich, in den einander widersprechenden Aussagen über das Reich Gottes. «Es ist schon da», sagst du, Realitätsfähiger. «Es wird erst kommen», sage ich, Utopistin. Der Trick im Neuen Testament ist ja gerade, dass beide Aussagen nebeneinander Raum haben und beide nur bestehen können, wenn die jeweils entgegengesetzte auch lebt.

Mir kommt der Gedanke, dass dieses Gegenüber von uns beiden vielleicht etwas mit unserer verschiedenen konfessionellen Herkunft zu tun hat. Dass du katholisch warst — und in gewissem Sinn diesen «character indelebilis», diese Kindheitsprägung nie los wirst, heisst vielleicht mehr Kompromissfähigkeit und mehr Optimismus. Meine bürgerlich-protestantische Tradition hat einen Hang zum Weltpessimismus. Mit unsrer Macht ist bekanntlich nichts getan! «Wir sind gar bald verloren.» Oder, säkularer, wie Jacob Burckhardt sagte: «Alle Macht ist böse.» Ich habe lange gebraucht, mich von dieser Umklammerung durch das Dunkel der Geschichte zu befreien; das «Prinzip Hoffnung» hat mir dabei geholfen. In den letzten Jahren ist meine Sehnsucht nach einer anderen Zukunft als der gegenwärtig programmierten noch viel tiefer geworden. Ich will heraus aus diesen Blechschachteln, aus diesem Verbrechen an Baum und Vogel; ich bin nicht — wir sind alle nicht fähig zu dieser Art von Realität, die wir uns leisten.

Fulbert:
Vielleicht ist das Lob der Gegenwart eher im Katholizismus zu finden. Wir beide erzählen gerne die Geschichte der heiligen Theresia von Avila: Sie ass einst mit einem Priester zu Mittag. Am Ende gab es einen wundervollen Nachtisch. Der Priester ass mit schlechtem Gewisen und sagte: «Wie verderbt ist die menschliche Natur, dass diese süsse Speise uns von den Gedanken an Gott ablenkt.» Theresia dagegen: «Wenn dieser Pudding schon so gut ist, wie herrlich muss erst unser Gott sein.»

Der Priester war ein Jesuit, aber er hätte auch ein Protestant gewesen sein können. Die Gegenwart und alle Köstlichkeit, die schon da ist, kann er nur als Versuchung und Ablenkung vom «Eigentlichen» und Kommenden verstehen.

Anders bei Theresia, bei Franziskus und bei Klara: Alles, was in der Gegenwart schon gelungen, schön und reich ist, wird als Versprechen für die Fülle der Zukunft genommen. Es wird also gerade darum ernst genommen, weil es noch nicht alles ist, aber auf alles hinweist. Vielleicht hat das Lob, also die Wahrnehmung und der Preis des Gelingens im Katholizismus mehr Heimatrecht als im Protestantismus. Vielleicht finde ich Ähnliches nur bei Paul Gerhardt:

Ach, denk ich, bist du hier so schön
und lässt du uns so lieblich gehn
auf dieser armen Erden,
was will doch wohl nach dieser Welt
dort in dem reichen Himmelszelt
und güldnen Schlosse werden.

Die kleine und die tägliche Schönheit ist das Zeichen und das Versprechen für die grosse Schönheit, und jede kleine Schönheit weckt die Sehnsucht nach der grossen.

Vielleicht ist die Gefahr des Protestantismus wirklich die, sich ins Morgen zu verlieren, ohne die Gegenwart zu ehren und zu würdigen. Die Gefahr des Katholizismus ist sicher die Bannung durch die Gegenwart und die Vergesslichkeit der Zukunft gegenüber.

Bei Paul Gerhardt finden sich drei Grund-
fähigkeiten, die einen davor bewahren könnten, zukunftsversessen zu sein und damit die
Gegenwart zu verachten — oder gegenwarts-
versessen und damit die Sehnsucht zu verra-
ten: Er kann die Gegenwart wahrnehmen
und mit ihr spielen; er weiss, dass sie auf die
Fülle der Zukunft hinweist; er weiss, dass die
Gegenwart vergänglich ist und vergehen
muss:

Menschliches Wesen, was ist's gewesen,
in einer Stunde geht es zugrunde,
sobald das Lüftlein des Todes drein bläst.

Das Zeichen wird vergehen und wird Gott
freigeben, der «ohn' alles Wanken steht».
    Ich frage mich, ob ich jetzt nicht in die
Mystik, in dein ureigenstes Feld geraten bin.

Mystik oder Schwarzbrot

Dorothee:

Das freut mich — und ich bin versucht, den dümmsten aller ehelichen Sätze von mir zu geben, nämlich: «Hab' ich's nicht schon immer gesagt?!»

Aber ich will das, was du oft als meinen «protestantischen Wahrheitsfimmel» kritisierst, nicht verleugnen. Meinen wir wirklich dasselbe mit diesem grossen Wort «Mystik»?

Die mystische Erfahrung und das mystische Bewusstsein haben mich seit vielen Jahren angezogen und getragen. Sie erschienen mir als das Zentrale innerhalb der komplexen Erscheinung ‹Religion›. Alle lebendige Religion stellt eine Einheit von drei Elementen dar, die wir mit dem katholischen Theologen Friedrich von Hügel (1852 – 1925) als das institutionelle, das intellektuelle und das mystische Element bezeichnen können. Mich persönlich hat weder die Kirche, die ich eher als Stiefmutter erlebte, noch das geistige Abenteuer einer nach-aufklärerischen Theologie zu dem lebenslangen Versuch, Gott zu denken, verlockt. In keiner der beiden religiösen Institutionen Kirche und wissenschaftlicher Theologie bin ich beruflich verankert oder gar beheimatet. Es ist das mystische Element, das mich nicht loslässt. Es ist, um es vorläufig und einfach zu sagen, die Gottesliebe, die ich leben, verstehen und verbreiten will. Sie scheint mir in den beiden genannten Institutionen wenig gefragt; was innerhalb der evangelischen Theologie und Predigt abgekürzt «Evangelium» genannt wird, artikuliert bestenfalls, dass Gott uns liebt, beschützt, neu macht, errettet. Dass dieser Vorgang nur dann real erfahrbar ist, wenn diese Liebe, wie jede, gegenseitig ist, ist selten zu hören. Dass Menschen Gott lieben, beschützen, neu machen und erretten, klingt den meisten grössenwahnsinnig oder gar verrückt. Es ist aber gerade diese Verrücktheit der Liebe, wovon die Mystiker leben.

Ein Ausdruck wie ‹Sehnsucht nach Gott›, was eine andere Übersetzung für Mystik ware, ruft Peinlichkeit hervor; unsere grösste Vollkommenheit ist, wie die Tradition sich ausdrückt, Gottes zu bedürfen, aber gerade das wird angesehen als eine Art fehlgeleiteter Schwärmerei, als ein Gefühlsüberschwang. Hingezogen zur Mystik hat mich der Traum, hier eine andere Gestalt der Spiritualität zu finden, die ich innerhalb des deutschen Protestantismus vermisste. Weniger dogmatisch, weniger verkopft und in historische Worthülsen verpackt, weniger männerzentriert sollte das sein, was ich suchte. Es sollte auf Erfahrung bezogen sein im doppelten Sinne des Wortes, das sowohl die Entstehung wie die Lebenskonsequenzen dieser Gottesliebe meint. So suchte ich statt des «erdichteten Glaubens», von dem Thomas Müntzer spricht, der für den Kopf und für das Weiterfunktionieren der Institution reicht, die mystischen Elemente des Glaubens in der Bibel und anderen heiligen Schriften, in der Kirchengeschichte, aber auch in der Alltagserfahrung gelebter Verbundenheit mit Gott.

Fulbert:
Mich stört an der Mystik, dass sie eigentlich nichts für einfache Leute ist. Ich kann mir nicht vorstellen, dass meine Mutter oder mein Vater etwas von dem haben könnten, was du da versuchst.

Dorothee:
Vielleicht kannte deine Mutter das Lied aus dem Gesangbuch. (summt)

> In seine Lieb versenken
> will ich mich ganz hinab,
> mein Herz will ich ihm schenken
> und alles, was ich hab.

Fulbert:
Frömmigkeit ja, aber Mystik?

Dorothee:
Ich vermute, dass Mystik, sogar wenn sie ganz abartige Formen wie Satansmessen sucht, immer Frömmigkeit ist. Wenn ich den Sinn dieses Weihnachtsliedes von Johannes Tauler verstehe, dann kann ich auch von der ‹syntheresis voluntatis› reden, vom Drängen der Seele nach Einheit mit Gott. Damit hätte deine Mutter nichts anzufangen gewusst, aber vielleicht nützt es ihren klugen Enkeln, die ohne Weihnachtslieder leben, nicht aber ohne Philosophie.

Fulbert:
Ich komme noch einmal auf meine Mutter zurück. Ich glaube, dass sie sich jeden Satz der neutestamentlichen Tradition als Brot aneignen kann, von dem man in einem normalen und geplagten Leben existieren kann. Was aber soll sie mit den religiösen Sonderkünsten eines Jacob Böhme oder eines Johannes vom Kreuz anfangen?! Das Evangelium selber hat es doch eher mit einfachen und einsichtigen Wünschen der Menschen zu tun: dass einer sehen und hören kann; dass sie gesund ist und nicht am Leben verzwei-

felt; dass er einmal ohne Tränen leben kann und dass sie einen Namen hat. Es geht doch nicht um spirituelle Artistik, sondern um die einfache Möglichkeit des Lebens.

Dorothee:
Geht es nicht den Mystikern genau um dieses Brot des Lebens? Die Schwierigkeit scheint mir die zu sein, dass die Menschen, auch deine Mutter, ganz sicher aber ihre Kinder und Enkel, eben nicht einfach dem Evangelium gegenüberstehen. Es ist doch entstellt, korrumpiert, zerstört, längst zu Stein geworden.

Die Mystik hat den Menschen, die von ihr ergriffen waren, gegen mächtige, erstarrte, gesellschaftskonforme Institutionen geholfen, und sie tut es, zugegeben, auf oft sehr verquere Weise, auch heute. Spirituelle Artistik, wie du es nennst, mag hereinspielen, aber das Essentielle ist etwas ganz anderes.

Ich bin an einem Abend zu deiner Mutter ins Zimmer getreten, ohne anzuklopfen. Da sass die alte Frau mit gefalteten Händen, ohne Handarbeit!, auf ihrem Stuhl. Ich weiss nicht, ob man das, was sie tat, «beten» oder «nachsinnen» nennen soll. Aber es war ein grosser Friede bei ihr. Den möchte ich verteilen gehen.

Fulbert:
Vielleicht meint meine Zurückhaltung den Mystikern gegenüber eigentlich nicht sie selber, sondern eine gewisse Mystikgier der gegenwärtigen religiösen Lage. Es wächst die Hochschätzung von religiösen Erlebniskategorien. Das religiöse Subjekt will sich in der Gestaltung seiner Frömmigkeit unmittelbar, sofort, ganz und authentisch erfahren. Die Erfahrung rechtfertigt die Sache und wird zum eigentlichen Inhalt von Religiosität. Unmittelbare Erfahrung steht dann gegen Institution; gegen die Langsamkeit eines Weges, gegen das Schwarzbrot des geduldigen Umgangs mit sich selbst. In dieser Erfahrungssucht wird alles interessant, was plötzlich kommt, unmittelbar und nicht über Institutionen vermittelt ist, was erlebnisorientiert ist und religiöse Sensation bedeutet. Ich weiss, echte Mystik ist alles andere als dies. Aber so wird es empfunden.

Dorothee:
Ich habe auch meine Bedenken, wenn Unmittelbarkeit zur Hauptkategorie gemacht wird. Ich glaube, die grossen MystikerInnen der Tradition haben einiges von deinem Schwarzbrot verzehrt. Es gibt keinen «instant Zen buddhism», wie Huxley einmal gesagt hat.

Das mystische «Nun» ist zwar eine andere Erfahrung der Zeit als die gewöhnliche, aber sie hat mit dem Lebensgefühl des Teens, der «jetzt, sofort» eine bestimmte Sorte von Turnschuhen oder Eis haben will, nichts zu tun.

Nicht übereinstimmen kann ich mit deinem heimlichen Plädoyer für die Institution: als ob sie essbares Brot büke! Ich meine, es muss neben modischer «religiöser Sensation» und den für solche Dinge zuständigen hausbackenen Institutionen noch etwas Drittes geben. Das suchst du doch auch: es heisst bei dir Spiritualität.

Fulbert:

Bei Spiritualität lehne ich immer den Gedanken der Besonderheit und der ausserordentlichen Erfahrung ab. An Spiritualität ist vor allem der Name fein. Die Sache selber hat viel zu tun mit Methode, mit Regelmässigkeit, mit Wiederholungen. Es ist eine Selbstkonstitution im Banalen und Alltäglichen. Und damit kann jeder arbeiten, der vom Leben nicht zu sehr erdrückt ist. Spiritualität ist keine via regia, aber eine via laborosa der Bestimmung des eigenen Gesichts und der Lebensoptionen. Ich beharre also stupide auf dem Gedanken, dass eine Sache nur wichtig ist, wenn sie für alle wichtig ist.

Es könnte aber ja sein, dass sich in der Mystik in dramatischer Verdichtung, sozusagen in künstlerischer Expressivität das darstellt, was das Wesen von Frömmigkeit und Glaube ist. Das hiesse dann, dass vielleicht tatsächlich Mystik nicht der Weg von allen oder vielen ist; dass sich aber in ihr in poetischer Dichte das Wesen eines Glaubens zeigt, der für alle gedacht ist.

Dorothee:
Eines meiner wichtigsten Interessen ist gerade, die Mystik zu demokratisieren. Damit meine ich, die mystische Empfindlichkeit, die in uns allen steckt, wieder zuzulassen, sie auszugraben aus dem Schutt der Trivialität. Aus der Selbsttrivialisierung, wenn du so willst. Eine ältere Frau in New York hat mir von einer Begegnung mit einem Guru erzählt. Als sie ihrem schwarzen Pfarrer darüber berichtete, stellte der nur eine Frage — und die möchte ich auch stellen: «Hat er euch denn nicht gesagt, dass wir alle Mystiker sind?»

Fulbert:
«. . .dass wir alle Mystiker sind.» Dieser Satz ist ja nicht eine Feststellung, sondern eine Forderung ans Leben. Es soll kein Mensch

nur sein Leben fristen. Es soll kein Mensch sich erschöpfen im reinen Überleben. Jeder soll der Wahrheit nahekommen dürfen. Für jeden Menschen soll es Orte der Absichtslosigkeit geben; die Schau; die Wahrnehmung der Lebensschönheit; die fruitio (der Genuss Gottes). «Wir sind alle Mystiker!» Der Satz enthält das Menschenrecht auf Schönheit und Schau. Gibt es so etwas wie das Menschenrecht auf die Schau Gottes?

Zweistimmig singen

Dorothee:
Ich glaube, jetzt sind wir an dem Punkt, wo wir dasselbe meinen — und zweistimmig singen.

In den letzten Jahren sind zwei Freundinnen von mir zum Katholizismus übergetreten. Ich konnte das nicht billigen; einmal, weil die konfessionellen Einteilungen des 16. Jahrhunderts mir schon lange nicht mehr essentiell sind, und zum andern, weil ich die Kälte, vor der beide flohen, in der römischen Institution — mit ihren ungebrochenen Njet zu Frauen, zu einer humanen Sexualität und zu geistiger Freiheit — nur verdoppelt finde. Aber was meine Freundinnen suchten und vor allem in der Liturgie der katholischen Kirche fanden, war mystische Beheimatung. Sie suche ich auch.

Fulbert:
Auf einem Umweg sind wir da bei deinem zweiten Lieblingsbegriff: Widerstand. Mystik ist die Erfahrung der Einheit und der Ganzheit des Lebens. Mystische Lebenswahrnehmung, mystische Schau ist dann

auch die unerbittliche Wahrnehmung der Zersplitterung des Lebens. Leiden an der Zersplitterung und sie unerträglich finden, das gehört zur Mystik. Gott zersplittert zu finden in arm und reich, in oben und unten, in krank und gesund, in schwach und mächtig, das ist das Leiden der Mystiker. Der Widerstand von Franziskus oder Elisabeth von Thüringen oder von Martin Luther King wächst aus der Wahrnehmung der Schönheit. Und das ist der langfristigste und der gefährlichste Widerstand: der aus der Schönheit geborene.

Dorothee:
Du, Katholik und ein Sohn des heiligen Benedikt, hast soeben Paul Gerhardt, den bedeutendsten Dichter protestantischer Kirchenlieder zitiert. Ich, Urenkelin einer Hugenottin und in mancher Hinsicht eine Tochter Lessings, will etwas Ähnliches tun, um die Mystik, um die es uns beiden geht, noch einfacher, noch alltäglicher zu beschreiben. Ich will einen Text zitieren, der mir bei unserem Nachdenken über die Bedeutung Christi in den Sinn kam. Er drückt für mich aus, was Christologie wirklich heute nach der problematischen Sühnetheologie und ohne dogmatische Ansprüche sein kann. Er stammt

aus einer mir fremden Welt des vorigen Jahrhunderts und der naiven katholisch-provinziellen Kultur Frankreichs. Thérèse von Lisieux hat ihn geschrieben. Er sagt, was mich Kierkegaard gelehrt hat, dass es nicht um Bewunderung Christi geht, sondern einzig um Nachfolge. Er sagt es in einer einfachen und mystischen Sprache des Einswerdens.

Christus hat jetzt keinen Leib auf Erden
ausser unserem,
keine Hände
ausser unseren,
keine Füsse
ausser unseren.

Unsere Augen sind es,
durch die das Mitleiden Christi
auf die Welt schaut.
Unsere Füsse sind es,
mit denen er herumgeht, Gutes zu tun.
Unsere Hände sind es,
mit denen er sein Volk segnen wird.

Sieben Gedichte von Dorothee Sölle und ein Aufsatz GLAUBE UND BIOGRAPHIE von Fulbert Steffensky

Die fehlenden Akkorde zum Gesangbuch

Die fehlenden Akkorde
verstummte Melodie
die unentdeckten Töne
bitte, vergesst sie nie

Die ungespielten Wirbel
der Tagesträumerei
Angst nie gelebt zu haben
bitte, steht uns bei

Die Wunder aus alten Zeiten
Geschichten frei und heiter
vor Thronen und Atomen
bitte, erzählt sie weiter

Ihr sollt noch lachen und summen
als wärt ihr nie allein
als blieben die Fichten am Leben
als fiele Gott singend ein

Was des Kaisers ist
Eine Meditation zu Matthäus 22,21

Und was gehört dem Kaiser?
  Der Vogel mit den ölverklebten Flügeln
  der sonnenlose Himmel im Gestank
  die Krankenhäuser ohne Wasser
              Ja, das gehört dem Kaiser!
  Und der Palast des Emirs Al Sabah
  das Gold am Türgriff aller Baderäume
  der Marmor aus Italien, der seidene Brokat
  das USArmy Corps der Ingenieure
  die dieses Schloss drei Wochen lang aufbauen
  da nun der Scheich wieder frei baden darf
              Ja, das gehört dem Kaiser
  und unser Steuergeld die elf Milliarden,
  die hundertdreiundsechzig Mark der Frau
  an der Ecke die nichts davon gewusst hat
              ‹Dem Kaiser, was des Kaisers ist›
Und was gehört denn Gott?
  es waren einmal Vögel
  es waren einmal Wolken und das Wasser
  die Kinder ohne Schutz auf dieser Erde
              vergiss nicht, sie gehörten Gott
  es wird einmal das Lachen sein
  die Arbeit im Labor und unsere Süchte
  und unsre Augen, unsre Hände
              sie werden Gott gehören
Was Gottes ist, wir wollen es Gott geben:
              das Leben der Geschwister
              und unsere Herzen

Sieben Wünsche für eine Konfirmandin
anlässlich der Befestigung[1] ihres Bäumchens
im Leben

Dass du trinkst von dem alten Wasser der Erde
ohne Bitternis[2]

dass die Vögel kommen dir was vorzupfeifen
und du antwortest in F-dur oder a-moll

dass die Sonne nicht sticht oder Versteck spielt
sondern ordentlich tut was sie soll, scheinen[3]

dass dich die weitausgreifenden Eltern
nicht überwuchern
und dein Land nicht überdüngen

dass du wächst mit den anderen Bäumen,
einzeln, frei und als Wald

dass du Wurzeln schlägst in der Gerechtigkeit[4]

dass du dich streckst
bis zu deiner anderen Heimat
dem Himmel

[1] confirmare, lat., befestigen
[2] Exodus 15, 22 – 25
[3] Genesis 1, 16 f.
[4] Psalm 1,3

Weil wir nicht ganz zu Hause sind
Eine meditative Collage

Eigentlich wissen wir alle
so sagte Heinrich Böll
dass wir hier auf der Erde nicht zu Hause sind
nicht ganz zu Hause sind
    Höhlen haben die Füchse
    Nester haben die Vögel
    unter den Himmeln
    Nichts hat der Menschensohn
    um sein Haupt niederzulegen
Eigentlich wissen wir alle
dass wir hier auf geliehener Erde
zu Gast sind eine Weile
    Geht fort aus dem Haus
    das euch nicht aufnehmen will
    Geht fort aus der Stadt
    die euch nicht anhören mag
    Schüttelt den Staub
    von den Füssen
    Lasst ihn zurück!
Eigentlich wissen wir alle
was die verfolgten Christen
in Rom wussten und in El Salvador wissen
    Mit den Gefangenen habt ihr mitgelitten
    den Raub eurer Güter
    nahmt ihr mit fröhlichem Herzen hin
    denn ihr wusstet dass ihr
    eine bessere bleibende Habe
    im Himmel habt

Eigentlich wissen wir alle
dass wir hier auf der Erde
nicht zu Hause sind
nicht leben können
nicht ganz jedenfalls
    Der Staat aber dem wir angehören
    ist im Himmel
    Das Reich in dem wir Bürger sind
    ist in den Himmeln
Eigentlich wissen wir es schon lange
    Ein neuer Himmel und eine neue Erde ist es
    die wir erwarten
    und in ihnen wird Gerechtigkeit wohnen
dass wir hier keine bleibende Statt haben
    aber die zukünftige suchen

Texte: Mt 8,20; Mt 10,14; Hebr 10,34;
Phil 3,20; 2 Petr 3,13

Gott meine Mutter hat mich gelehrt
die Hände aufzuhalten
wenn ich sie bitte

und den Ball zu fangen
die Brombeeren zu sammeln
das Sonnenlicht einzumachen

Aber die offenen Hände
sterben mir ab in der Kälte
die Erdbeeren bei Minsk sind riesig
selbst das gereinigte Wasser
schmeckt nach Angst

Warum die Hände öffnen
da nur Gift vom Himmel fällt
und meine Schale sich füllt
mit neuer Ungerechtigkeit

Warum nicht die Hände schliessen
du hast mich belogen Mutter
es gibt nichts zu fangen
und nichts zurückzuwerfen
und nichts zu verschenken
und nichts zu weinen
du hast nur Steine geschaffen
niemandem zum Bilde

Variationen über ein Thema von
Dschalal-Ed-Bin Rumi

Warum
wenn Gottes Welt so gross ist
bist du ausgerechnet
in einem Gefängnis eingeschlafen?

Warum
wenn der sternbestickte Himmel so nah leuchtet
liegst du ausgerechnet
schlaflos im Smog an deinem Fenster?

Warum
wenn du freier bist als viele vor dir
wirst du ausgerechnet
mit der Angst vor deinen Grenzen nicht fertig?

Warum
wenn Gottes Garten so fruchtbar ist
bist du ausgerechnet
in die Zeit wachsender Versteppung geboren?

Warum
wenn Versöhnung auf der Strasse liegt
wartend dass du sie aufhebst
bist du
an die Feinde des Lebens gefesselt?

Ein Gegenpsalm zum 104.

Licht ist dein Kleid, das du anhast
aber ich sehe ein anderes Licht
heller als tausend Sonnen
verstrahlt es alles
was unter ihm lebt

Du breitest den Himmel aus wie einen Teppich
aber ich sehe den Himmel
der Hautkrebs macht
weil seine Schutzschicht zerrissen ist

Du hast das Erdreich gegründet
auf festen Boden
dass es bleibe
aber ich sehe das Meer sich ausdehnen
durch Erwärmung
und die Stadt verschlingen
in der ich lebe

Du hast eine Grenze gesetzt
darüber kommen sie nicht
aber ich sehe eine Macht
die keine Grenzen respektiert
die den Samen der Toten einfriert
und den Armen die Nieren abhandelt
und ihre Kinder verschleppt
weil sie lebende Herzen haben
die sich verkaufen lassen

Deine Werke sind gross und viele
du hast sie alle weise geordnet
ich möchte in deiner Ordnung leben
aber um mich entsteht
eine zweite Schöpfung
dauerhafter und praktischer als deine
getragen vom Willen zur Macht
und ohne jedes Spiel

Gott, sag mir, wo ich hin soll
vor ihren Ausweisen und Kontrollen
ihren Bildschirmen und Befehlen
ihren Süchten und Ängsten

Ich freue mich deiner und der alten Erde
ich will für dich singen mein Leben lang
ohne Apparate will ich dich loben
deinem Licht will ich glauben
in dich will ich fallen
schein doch, Gott
Licht ist dein Kleid, das du anhast
freu dich deiner Werke
freu dich auch in mir

GLAUBE UND BIOGRAPHIE

Mit dem Thema GLAUBE UND BIOGRA-
PHIE frage ich danach, welchen Einfluss kon-
krete Lebensverläufe auf die religiösen Selbstent-
würfe von Menschen haben. Ich frage, wie unser
Alltagsschicksal unseren religiösen Weltentwürfen
Farbe gibt. Ich will aus unseren biographischen
Schicksalen keine religiösen Zwangsläufigkeiten
herauslesen. Ich frage deshalb mit Zurückhaltung: Welche biographischen Erfahrungen legen
welche Glaubensgestalt nahe? Ich reihe Erfahrungen aneinander, eigene und die von anderen.

1. LEBENSSTÖRUNGEN

Ich zitiere einige Sätze eines schwarzen Jugendlichen aus Harlem, die er unter der Überschrift
WAS BIN ICH zusammengefasst hat:

> Was bin ich?
> Ihr habt mich so erzogen, dass ich meine
> Brüder und Schwestern hasse und ihnen
> misstraue — Was bin ich?
> Ihr sprecht meinen Namen falsch aus und
> sagt, ich habe keine Selbstachtung. — Was
> bin ich?
> Ihr sagt, ich habe keine Würde, und ihr nehmt
> mir meine Kultur weg. — Was bin ich?
> Ihr nennt mich Boy, einen dreckigen runter-
> gekommenen Strichjungen. — Was bin ich?
> Ich bin die Summe eurer Sünden. Ich bin die
> Leiche in eurem Keller.

Ich bin vielleicht eure Vernichtung, aber vor allem bin ich, wie ihr so unverhohlen sagt, euer NIGGER.[1]

Was bin ich — wer bin ich? Das ist die Grundfrage des Glaubens, die tausend andere Fragen enthält: Wo komme ich her? Hatte mein Leben die Güte als Mutter? Bin ich ins Leben gewollt? Was wird meine Zukunft, und was wird mein Ende sein? Welcher Name ist mir zugelegt, oder gibt es keine anderen Namen als die, die man sich selber gemacht hat? Hat das Leben soviel für mich, wie ich schaffe und erschaffe, und nicht mehr?

Der junge Schwarze erfährt die Gnadenlosigkeit der Antworten auf seine Fragen. Er ist beantwortet, bevor er sich selber eine Antwort geben kann: Du bist der, dessen Namen man nicht kennen muss. Du bist der, dessen Kultur nichts taugt. Du bist der dreckige Strichjunge, der NIGGER. Die Namen, die ihm zugelegt werden, sind Todesurteile. Er übernimmt diese Namen und fängt an, an sie zu glauben. Er fängt an, an die Gnadenlosigkeit des Lebens zu glauben. «Ich bin die Summe eurer Sünden. Ich bin die Leiche in eurem Keller. Ich bin euer Nigger», sagt er in seinem neuen Glauben. Das, was der Junge erfahren hat, hat ihm seinen Namen gegeben: die Arbeitslosigkeit im Stadtteil, der Alkoholismus seiner Eltern, die kaputte Schule, die Gewalt auf der Strasse. Wer er ist, das liest er daran ab, was ihm angetan wird. Er liest seinen Glauben an den bitteren Erfahrungen seines Lebens ab.

Ich zitiere aus dem Interview mit einem älteren Giessereiarbeiter:

Ich stehe jetzt Jahr für Jahr an der Schleudergussmaschine. Die Arbeit ist eigentlich gar nicht schwer. Ich bilde mir das bestimmt nicht ein, glaubt mir! Dennoch bin ich jeden Abend, wenn ich nach Hause komme, sauer, schlapp, kaputt wie ein Hund, alle Knochen tun mir weh, jeder Muskel ist kraftlos. Unlust ist das einzige Gefühl, welches drükkend auf dem Buckel spürbar ist. . . .
Glaubt mir, Leute, nicht immer kann man es vermeiden, dass Metall spritzt. Kleine Metalltropfen schwirren wie Motten ums Licht. Meine Hände, obwohl sie behandschuht sind, tragen immer die Spuren der Arbeit: kleine rote Pickelchen, Bläschen, auch pfenniggrosse Verbrennungen 3. Grades. Wer würde wegen solcher Kleinigkeiten zum Sani oder zum Arzt laufen! Man könnte deswegen seinen Posten verlieren. . . .
In der letzten Zeit beschäftigen mich öfter trübe Gedanken. Meine Kräfte schwinden, und bald möchte ich die Klamotten in die Ecke schmeissen. . . .
Glaubt mir! Immer öfter habe ich so ein Gefühl, als ob man mich bald wie einen alten Lappen, mit dem man sich noch einmal die Schuhe putzt, wegschmeissen wird. Ich befürchte sogar, dass mich bald niemand kennen würde, weder mein Meister, noch meine Kinder. Leute, woran soll ich glauben?[2]

Durch das Gespräch zieht sich wie eine Beschwörungsformel die Aufforderung: Glaubt mir, glaubt mir, Leute. Am Ende wie ein Offenbarungseid: Leute, woran soll ich glauben? Ein Grundwort unserer Tradition ist benutzt: glauben! Der Arbeiter meint es nicht in einem unmittelbar religiösen Sinn. Die Zuversicht auf das Leben, der innerweltliche Lebensglaube stützt den religiösen Glauben. Wo aber diese Zuversicht gestört ist, wo die Summe der Erfahrungen sich in den Zweifelssatz «Leute, woran soll ich glauben?» zusammenfassen lässt, da könnte die Lebensgüte insgesamt in Zweifel gezogen und der Glaube an Gott schwer sein.

Gewiss muss dies nicht so sein. Man kann den Glauben aus der Fülle und aus dem Mangel lernen. Das glückende Leben enthält das Versprechen eines ganzen Seinsglücks. Wenn eine Liebe gelingt; wenn ich eine Arbeit habe, in der ich mich ausdrücken und wiederfinden kann; wenn ich keine panische Angst vor der Zukunft haben muss; wenn ich eine Natur um mich erlebe, die ein Buch des Trostes ist, dann fällt es mir leicht, Gott zu loben. Ich kann ein Stück dieses Lobes am Leben selber ablesen. Ich kann sagen: das Leben ist gut, das Leben ist schön. Ich kann mit dem 104. Psalm singen: «Wie mannigfaltig, Herr, sind deine Werke, so weise sind sie alle von dir geordnet.» Ich kann am Leben eine Grundform der Frömmigkeit lernen: das Loben. Das Diesseitige kann mir zum grossen Liebesspiel werden, in dem Gott mir zuwinkt: das Morgenrot, die Reinheit des Wassers, die Augen einer alten Frau, das Lächeln der Geliebten.

Ich möchte in diesem Zusammenhang eine Legende über Franz von Assisi erzählen: Franz hatte angefangen, in allen Dingen Gott zu lieben, und er war ausser sich vor Freude. Er ging und traf auf eine Quelle. «Schwester Quelle, erzähle mir von Gott!» sprach er zu ihr. Die Quelle sprudelte auf, als ob sie reden wolle. Dann wurde sie ruhig, und auf dem Grund des Wassers sah Franziskus das Bild von Klara, der Frau, die er liebte. Er kam zu einem Mandelbaum. «Bruder Mandelbaum, erzähle mir von Gott!» sagte er. Die Äste des Mandelbaums hoben und senkten sich, obwohl kein Wind sie bewegte. Der Baum stand plötzlich wundersam in Blüte. Endlich traf Franziskus einen alten Mann mit einem Sack, der von einer Reise zu kommen schien. «Alter, erzähle mir von Gott!» sagte er ihm. Der Alte nahm ihn mit in eine Stadt und führte ihn bis in die Gegend, wo die Armen wohnten. Dann öffnete er seinen Sack und verteilte Brot unter die Armen. Die Armen teilten das Brot unter sich, und je mehr sie untereinander teilten, um so mehr wurde das Brot. Der Alte aber sprach: «Unser Brot!» Und dann: «Unser Vater!»

Diese Geschichte erzählt, wie die Diesseitigkeit zum Liebesspiel Gottes und zur Kunde von ihm wird. Die Dinge und Vorgänge sind narrativ geworden: das Wasser, der Mandelbaum, die Verteilung des Brotes. Der Glaube entzündet sich am Leben. Er ist nicht ein von diesem getrenntes Unternehmen. Glaubenlernen an der Fülle des Lebens.

Es gibt eine zweite Weise, den Glauben zu lernen, eine schwerere und mühsamere: das Lernen aus dem Mangel. Das, was einem fehlt, kann einen zum Schreien und zum Beten bringen. Wer kein Brot hat, könnte lauter schreien lernen: Unser tägliches Brot gib uns heute! Wer weint und fähig ist, Weinende zu sehen, könnte zweifelsfreier glauben lernen: Einmal werden alle Tränen abgewischt sein, und der Tod wird nicht mehr sein und nicht mehr Schmerz noch Klage. Not lehrt beten — das ist ein von den Theologen verachtetes und ein ausserordentlich wahres Wort. Wir alle kennen wohl das Unglück, das uns einen Psalmvers oder ein altes Gebet aufschliesst, das man lange Zeit wie eine ungeöffnete Nuss mit sich getragen hat. Glaubenlernen am Mangel!

Ich komme noch einmal auf den schwarzen Jungen aus Harlem zurück und seinen Lebensdefekt. Ich will seine Frage nach sich selbst («Was bin ich?») vergleichen mit Bonhoeffers Frage «Wer bin ich?» in der Zeit der Niederlage seines Lebens. Bonhoeffer ist im Gefängnis. Seine Welt ist eingestürzt. Er erlebt die Trennung von Verwandten und Freunden, von seiner Arbeit und seinen Lebenszielen. Er erlebt die unerträgliche Stille des Gefängnisses und seine Zwangsordnung, die ihm aufgepresst wird. Das ist die Zeit, in der man den unbequemsten Gast, den man haben kann, nicht los wird, nämlich sich selber. Das ist die Unglückszeit, in der man ständig auf sich selbst zurückgeschleudert wird und sich verfängt in der unglückseligen Frage «Wer bin ich?». Und das ist die Zeit, in der man zwanghaft versucht, diese Frage von sich selbst her zu beantworten; die Zeit also, in der man versucht, sich von sich selbst her zu verstehen. Bonhoeffer lernt in dieser Niederlage Glauben, indem er lernt, die

Frage nach sich selbst zu vergessen. Er vergisst die Frage, die ihr Narrenspiel mit ihm treibt, und sagt: Wer ich auch bin, Du weisst es, Gott!

Wieviel Liebe, Lebensgewissheit, Glücken des Lebens muss man erfahren haben, um der Grundversuchung des «Fleisches» zu widerstehen, sich durch sich selber zu rechtfertigen; die Frage nach sich mit sich selber zu beantworten. Der Schwarze kommt nicht los von dieser Frage. Sie ist sein dauerndes Unglück, und er kann sie doch nicht lassen. Er kann es nicht lassen, sich selbst zu beantworten in den schrecklichen Namen, die er hört und die er selbst sich zulegt: Nigger, Strichjunge, Würdeloser. Ihm also wird es schwer, in einen Grundtrost der christlich-jüdischen Tradition einzustimmen: Ich brauche mir keinen Namen zu machen, denn ich bin genannt und beim Namen gerufen.

Ich will diesen Teil mit einer kleinen Gegengeschichte schliessen. Ich habe einmal ein Kind getauft, dessen Vater Vietnamese war. Die Eltern haben es Hoa genannt, Blume. Sie haben es also schön genannt, bevor es schön war. Sie haben es mit dem Namen in die Schönheit und in den Lebensreichtum gerufen. Das ist die Voreiligkeit der Liebe, die ins Leben ruft, was noch nicht ist. Am Schwarzen sehen wir, dass es auch die Voreiligkeit des Todes gibt.

2. BRÜCHE

Meine Kindheit habe ich in einer Welt ohne Bruchmöglichkeiten und ohne Risse verbracht. Es war eine Welt von geschlossener und systema-

126

tischer Stimmigkeit. Es gab keine Protestanten, die störten; keine Bücher, die gegen den allgemeinen Geist intervenierten; keine Atheisten und keine Geschiedenen. Wir wussten nicht, dass wir eine Tradition hatten, weil wir alternativlos in ihr gefangen waren. Die Institutionen, die Weisheiten, die Lebensdeutungen und die Moral meiner damaligen katholischen dörflichen Welt waren uns zur Natur geworden. Es war *natürlich,* dass wir dachten und lebten, wie wir es taten. Die Lebensweise bedurfte keiner Rechtfertigung. Es war übrigens eine sehr tolerante Lebensweise, *weil sie nicht bedroht war.* Wir litten mässig unter der Gefangenschaft dieser Traditionen, weil Alternativen nicht vorstellbar waren. Die «Natürlichkeit» der Sachverhalte hatte uns die Tradition als Tradition unsichtbar gemacht. Diese Tradition hatte ihr Gutes und ihr Schlechtes. Das Kritischste, was man über sie sagen muss: man konnte nicht aus ihr heraus; man konnte in ihr nicht weiterkommen, als man schon war. Neue Horizonte konnten nicht gedacht werden. Distanz und Reflexivität waren nicht erlaubt. Dies aber ist die totale Tradition. Wir *hatten* nicht eine Tradition, wir *waren* die Tradition. Diese Tradition konnte nur in geringem Mass unser Erbe sein. Erbe setzt voraus, dass die Tradition in ihrer blinden Naturhaftigkeit entmachtet ist. Freiheit und Subjektivität ist also vorausgesetzt. Wer uns etwas vererben will, der muss zuerst sterben.

Aus dieser Welt kam ich durch drei entscheidende Brüche: ich verliess das Dorf, in dem ich gross geworden bin; ich verliess das Kloster, in dem ich fast 13 Jahre gelebt hatte; ich verliess die katholische Kirche. Das erste Brechen begann eigentlich damit, dass ich es lernte, unter diesen Traditionen zu leiden. Das Leiden machte mich stark gegen die Kraft der Sinnliturgien. Die Gebilde, die ich verlassen habe, machten sich ja nicht einleuchtend durch Inhalte und Argumente. Sie machten sich einleuchtend durch ihre Inszenierungen, d. h. durch Ordnungen, durch Bräuche, durch Rituale, durch Symbole, durch sinnliche Darstellungen. Wenn der Papst auf seinem Thronsessel durch den Petersdom getragen wird und wenn er eskortiert wird von Adligen mit Wedeln aus Straussenfedern, dann braucht man das Papsttum nicht zu begründen. Die Inszenierung wird zur Begründung. Die Leiden verschaffen ein reflexives Verhältnis zur Tradition. Diese verliert ihre Naturhaftigkeit. In dieser Zeit des Abschieds hat meine Generation gefragt: Wie entkommen wir dem Oktroi der Toten? Wir lernten daran zu leiden, dass wir unsere eigene Sprache nicht sprechen konnten; dass die Toten die Wichtigkeiten diktierten; dass sie die Zeremonienmeister unseres Denkens und Lebens waren; dass sie uns zwangen, unsere eigenen Identitäten und Lebensvorstellungen ihnen von den Lippen abzulesen.

Ich will damit nicht sagen, dass ich von einem Schlechteren zu einem Besseren konvertiert bin. Mit dem Bruch sind Subjektivität, Freiheit und Gewissen gewachsen. Jeder Bruch lehrt etwas Einfaches: dass man brechen *kann*. Ich kann mir nicht vorstellen, dass man ohne Bruch ein produktives Verhältnis zur Tradition gewinnen kann. Es geht beim Bruch nicht darum, etwas

128

wegzuwerfen. Es geht darum, dass das Verhältnis zur Tradition umgewandelt wird. Es geht darum, dass ein Herrschaftsverhältnis in ein Freundschaftsverhältnis umgewandelt werden kann. Das Produktivste, was ich durch den Bruch gelernt habe, ist, den Wert meiner Traditionen zu schätzen; genauer gesagt: dass ich zu unterscheiden gelernt habe, etwa zwischen dem Papsttum und Katholizismus. Nach dem Bruch kann ich Dinge schätzen, unter denen ich vorher nur gelitten habe, z. B. die Beichte, Rituale, bestimmte Arten der Volksfrömmigkeit, die Bedeutung von Kirche.

Der Bruch lehrt mich, dass die Traditionen und ich selber verschieden sind. Ich muss lernen, dass die Tradition und ich verschiedene Sprachen sprechen, um sie zu verstehen. Erst dann ist Kommunikation möglich, wie eine Kommunikation zwischen mir und meinen Grosseltern erst möglich ist, wenn wir wissen, dass wir verschiedene Sprachen sprechen, aus verschiedenen Zeiten kommen, ein verschiedenes Leiden und ein verschiedenes Glück haben. Der Bruch ermöglicht mir nicht nur, aus den Totenhäusern zu entrinnen. Er ermöglicht mir auch, zu den Toten zu gehen und in Freiheit und Demut von ihnen zu lernen.

3. BEZEICHNETE WELTEN

Ich greife einen Gedanken auf, den ich eben beiläufig erwähnt habe: Es legt sich der Glaube nicht nur durch seinen Inhalt nahe, sondern durch seine Inszenierung. Ich betrachte die Glaubensliturgien meiner Kindheit. Orte und Zeiten stellten die Ordnungen des Glaubens her. Bevorzugte Orte waren Eingänge: sie waren mit einem Kreuz bezeichnet, oder dort hing das Weihwasserbekken; höchste Punkte in der Landschaft: dort stand die Kapelle; Wegkreuzungen: dort stand das Martel; Unglücksstellen: dort erinnerte ein Kreuz an einen Unfall. Das sind nur einige Beispiele bezeichneter Orte. Eine Landschaft wird erkennbar durch die Bezeichnungen. Eine äussere Landschaft spricht, indem sie bezeichnet ist. Es war Sitte, solche Bezeichnungen zu beachten — ein Gebet zu sprechen oder den Hut abzunehmen. Solche Glaubensdramatisierungen sind nicht völlig vergangen. In der Nähe der Hamburger Universität ist der Grundriss der in der Nazi-Zeit zerstörten Synagoge als Mosaik in den Boden eingelassen. Das objektive Gedächtnis im eingelassenen Mosaik stiftet subjektives Gedenken. Ich ging vor kurzem über jenen Platz mit einem Kollegen, der ein starker Raucher ist. Der kürzeste Weg wäre über jenes Mosaik gewesen, d. h. durch die alte Synagoge. Er aber machte einen Umweg, um jenes Mosaik nicht rauchend zu überqueren. Der Ort baut sein Gedächtnis.

Zeiten bauen Gedächtnis. Ich erinnere an einige: Der Morgen und der Abend, die mit Gebeten bezeichnet werden; der Sonntag als ausgesonderte Zeit; die Festtage; die Quatembertage — die heute noch in der römischen Liturgie beachteten Anfänge der 4 Jahreszeiten. Es waren alte Beicht-, Besinnungs- und Fastenzeiten. Menschen verbanden ihre spirituellen Absichten mit der Natur, d. h. eben mit den Anfängen der Jah-

130

reszeiten. Sie rhythmisierten ihren Glauben mit festen und wiederkehrenden Zeiten.

Menschen machen sich sichtbar, indem sie sich sichtbare Landschaften aus Orten und Zeiten schaffen. Die Orte und Zeiten bauen das Gedächtnis, das Gewissen und die Lebenszuversicht von aussen nach innen. Der Kollege, der nichtrauchend durch das Mosaik der zerstörten Synagoge geht, ist nicht allein auf die Kraft seines Herzens und seines subjektiven Gedenkens angewiesen. Er lässt sich von aussen nach innen erinnern. Die Christen, die an den Quatembertagen beichten gehen, gehen nicht, weil es ihrer augenblicklichen Gestimmtheit entspricht. Sie gehen, weil es Quatemberzeit ist. Sie lassen sich durch die Zeit erinnern. Sie bauen sich von aussen nach innen. Das ist eine Art produktiver Entexistentialisierung des Glaubens, welche Katholiken anders geläufig ist als Protestanten. Protestanten leiden oft an magersüchtiger Ehrlichkeit, in der sie nur das tun wollen, wo sie authentisch, unmittelbar und in voller Redlichkeit dabeisind. Aber sie übersehen, dass die Kraft der Subjekte gering ist und dass sie bald der eigenen Kraftlosigkeit verfallen. Die Klarheit der Lebenswünsche und Lebensabsichten hängt auch davon ab, ob man sie ins Spiel bringen kann; ob man ihnen eine Zeit, einen Ort und eine Form geben kann. Das Leben ohne Lebensliturgie bleibt undeutlich und vom Untergang bedroht. Überall, wo Menschen etwas wirklich wollen, werden die inneren Wünsche zu einer äusseren Figur; wird die Seele zu einer nach aussen gesetzten Landschaft, in der sie sich wiedererkennt und gestärkt wird. Glaube wird auch deswegen heute schwer, weil die bezeichnete Welt verschwindet und die Subjekte nicht mehr haben als ihre eigene Innerlichkeit.

Religion wird da besonders stark, wo religiöse Gesten mit sozialen Bedeutungen verbunden sind. In alten Zeiten umfasste Religion das ganze Leben. Sie war also nicht nur ein System von Ritual und Lehre, das die Innerlichkeit des Menschen und sein Verhältnis zur Transzendenz konstituierte. Religion war verwoben mit der gesamten Alltäglichkeit des Lebens. Sie hatte mit Essen und Trinken zu tun; mit Sexualitätsordnungen; mit Jahreseinteilungen; mit Zeitnennungen (an Michaelis fing das Semester an; am Tag der heiligen Anna werden die ersten Äpfel reif — die Annenäpfel; an Mariä Geburt ziehen die Schwalben furt). In meiner Kindheit war die Angelusglocke nicht nur ein Zeichen dafür, dass man nun den Angelus beten sollte. Es war auch das allgemeine Zeichen für die Mittagspause. Die Leute gingen vom Feld nach Hause zum Essen. Nach dem Abendangelus sollte kein Kind mehr auf der Strasse sein. Diese religiösen Zeichen waren also nicht nur in sich wichtig, sie waren auch mit wichtigen sozialen Lebensformen verbunden. Sozialität wurde durch Religion eingeübt und Religion durch Sozialität (dass damit Religion in einem hohen Masse zweideutig wurde, sei nur erwähnt).

4. DIE MITTEL ZUM LEBEN UND DIE RELIGIÖSE GRUNDSTIMMUNG

Die These dieses Abschnittes ist folgende: Wie hinlänglich die materiellen und psychischen Lebensbedingungen von Menschen sind, das hat Einfluss auf die religiöse Grundstimmung. Dass in einer religiösen Tradition verschiedene Grundstimmungen und Färbungen möglich sind, ist leicht zu ersehen. Man muss nur etwa die in das Gesangbuch neu aufgenommenen Kirchenlieder mit den klassischen Liedern der protestantischen Tradition vergleichen. Es gibt eine Reihe alter Lieder, die das Leben als kurz, brüchig und dem Tode sich entgegenneigend beschreiben. Die Fähigkeiten des Menschen werden gering eingeschätzt. Gross ist das Bewusstsein eigener Unzulänglichkeit. Fallen diese Lieder durch ihre Düsterkeit auf, so die neuen Lieder oft durch ihre Harmlosigkeit. Die Welt ist schön, das Leben ist gut, Gott hat es in der Hand, und jeder Vogel hat sein Nest. Diese verschiedenen Grundstimmungen haben natürlich mit der ökonomischen Lage der Gesellschaften zu tun. Wie soll man singen, wenn für die meisten das tägliche Brot ungewiss, die Zukunft unsicher, die Lebenserwartung gering, die Kindersterblichkeit gross ist? Es ist eher ein Wunder, dass aus solchen Zeiten so innige und gewisse Lieder wie die von Paul Gerhardt kommen.

Zeiten materieller Kargheit sind auch Zeiten psychischer Kargheit. Zeiten materieller Zwänge sind durchweg auch Zeiten psychischer und damit auch religiöser Zwänge. Ich vermute, dass in lebensunsicheren Zeiten rituelle Zwanghaftigkeit und der Opfergedanke die Religion bestimmen. Überall, wo das Leben nicht aus sich einleuchtend ist; wo es keine natürlichen Horizonte hat, da gibt man ihm die künstlichen Horizonte der

Ritualisierungen und Ordnungen, die nicht durchbrochen werden dürfen und die Veränderungen nicht gestatten. Veränderungsneugierig und veränderungsfreundlich kann man nur da sein, wo man nicht fürchtet, dass alles nur noch schlechter werden kann.

Zwanghafte Zeiten sind Opferzeiten. Das Lebensgefühl ist pessimistisch; das Gottesbild ist pessimistisch. Gott scheint genauso unberechenbar wie die anderen Mächte. Darum gibt man ihm einen Teil des eigenen Lebens und der eigenen Gaben, dass er versöhnt ist. In den Deich mauert man ein lebendiges Wesen ein, dass er hält und das Chaos die Menschen nicht verschlingt. Dies trifft man nicht selten heute noch in südamerikanischen Ländern, dass etwa ein lebendiger Mensch eingemauert wird in die Fundamente eines Hochhauses. Ich glaube, dass ein Teil der christlichen Opfertheologie mit solchen Lebenslagen zu tun hat.

Werfen wir unter der Hinsicht ‹Opfer und Ritualismus› einen Blick auf das religiöse Empfinden und die religiöse Praxis der Gegenwart! Zwanghaftigkeiten und Ritualismus verschwinden weitgehend aus religiösem Lebensgefühl. Ich habe vor einiger Zeit in allen meinen Veranstaltungen einen Test gemacht. Ich bat die Studierenden, sich in eine der drei Gruppen einzureihen, die durch folgende Aussagen gekennzeichnet sind:

— Ich habe in meiner Herkunft Religion als eher warm, freundlich und frei erlebt.
— Ich habe Religion als eher kalt, dunkel und zwanghaft erlebt.
— Ich habe keine religiöse Herkunft.

In der letzten Gruppe fanden sich die meisten; niemand erklärte, Religion zwanghaft erlebt zu haben. Mit den alten Liedern haben diese Studierenden vor allem Schwierigkeiten wegen des düsteren Weltbildes und wegen der Sühnetheologie. Diese Veränderung ist nicht einfach Folge des theologischen Fortschritts oder der Aufklärung. Es ist vielmehr Folge anderer materieller Lebensbedingungen. (Ich erwähne nur am Rande, zu welchen Banalitäten eine Theologie ohne Tränen führen kann. Dass Religion nicht mehr verwundet, ist nicht nur ein Zeichen ihrer Qualität. Es könnte auch ein Zeichen ihrer Harmlosigkeit sein. Denn alles, was ernsthaft ist, ist wie ein Messer, mit dem man sich auch verletzen kann.)

Wie die Veränderung der materiellen Lebensbedingungen ganze Liturgiezweige verändert oder zum Erlöschen bringt, zeigt sich an den liturgischen oder paraliturgischen Teilen, die sich um Wetter und Ernte drehen. Agrobusiness, Hagelversicherung und Blitzableiter lassen früher hochbesetzte Bräuche und Liturgien verschwinden. In meiner Jugend noch war die Angst vor Hagel und Gewitter gross. Gegen den Blitzschlag stellte man eine Kerze zu Ehren des hl. Judas Thaddäus auf. Ich zitiere eine Bäuerin aus Österreich:

Im Sommer, wenn es heiss und die gefährliche Zeit der Gewitter mit Sturm und Hagel war, gab es keine Tanzveranstaltung und kein Fest. Es gab absolutes Tanzverbot. Die Leute hielten sich an diesen Glauben und waren gottesfürchtig. Sie bangten um ihre

Ernte. Man lebte ja davon, und Hagelversicherung gab es noch keine. Bei einem starken Gewitter mit Hagelgefahr ... hat die Mutter Palmzweige in den Ofen gegeben und Weihwasser in die Richtung, wo das Wetter herkam, gesprengt. Ich habe oft beobachtet, wie sich dann der Wind gedreht hat und dann das Wetter in eine andere Richtung zog oder sich auflöste.[3]

Die Bittprozession, vor 50 Jahren noch von grosser Bedeutung, existiert kaum noch. Die Agrar- und Transportrevolution sowie die Konservierungsrevolution haben das früher hochbedeutsame Erntedankfest eher zu einer Verlegenheit werden lassen. Die «Emanzipation aus den Schranken der Natur» (W. Sombart) hat in einem hohen Masse Lebensgefühl und Frömmigkeit verändert. Diese Art von Modernisierung muss übrigens Frömmigkeit nicht zerstören. Feste werden umgedeutet, wie etwa das Erntedankfest, das sehr oft zu einem Aufmerksamkeitsfest für Hungerländer geworden ist. Es sind andere Wichtigkeiten dazugekommen, die ihre Liturgien finden, z. B. all die Begehungen und Orts- und Zeitmarkierungen, die der Erinnerung der Opfer und der Schuld der Nazi-Zeit gewidmet sind.

Ich fasse dies zusammen: In der Lebensgeschichte vorindustrieller Zeit haben die Menschen ihre Abhängigkeit vom Lauf der Natur erfahren. Sie waren nicht Meister ihrer Schicksale. Dies hat religiöses Bewusstsein, Liturgien und Theologien geschaffen, die diese Abhängigkeit und Unfähigkeit ausdrückten. Es ging im

Bewusstsein weniger um Veränderung der eigenen Lage als um Trost in ihr.

5. KIRCHE: DIE ANDEREN UND MEIN GLAUBENSSCHICKSAL

Wir haben gelernt, Ich zu sagen, d. h. wir haben die Freiheit zu Rationalität und Gewissen gewonnen. Es ist zum Glück nicht das einzige, was wir sagen können, sonst müssten wir uns in uns selber erschöpfen. Sonst wären wir nur so gross, wie wir sind; nur so getröstet, wie wir Trost für uns selber haben; nur so weise, wie unsere eigene Weisheit reicht; nur so gläubig, wie wir selber glauben können. Wer also nicht an sich selbst verhungern will; wer so unbescheiden ist, mehr zu wollen als sich selber, der braucht Kirche.

Ich will unter dem Stichwort ‹Kirche› fragen, was Menschen und Begegnungen für unsere eigenen Glaubensschicksale bedeuten können. Es wird jedem von uns dabei anders ergehen, darum werde ich zunächst für mich selbst sprechen. Ich stelle selber mit Erstaunen fest, dass in meiner katholischen Zeit einzelne Menschen für meine Glaubensbiographie eine geringe Rolle spielten. Ich hatte Lehrer und Lehrerinnen in der Schule, die mir wichtig waren, aber kaum Glaubenslehrer. Ein einzelner war nicht wichtig; es waren alle wichtig, die ich ihre Gebete verrichten sah, die in die Kirche gingen, die den Hut vor einem Kreuz abnahmen und die den Angelus beteten. Glaube wurde nicht über einzelne vermittelt, auch nicht über den Pfarrer. Er vermittelte Wissensbestände, und er verwaltete die Sakramente. Sonst hat man nichts von ihm erwartet. Man kam auch kaum auf die Idee, dass der Pfarrer den Glauben in besonderer Weise bezeugen müsse, also Lehrer in einem existentiellen Sinn sein müsse. Wenn er uns am Altar eine Ohrfeige gab, weil wir das Messbuch fallen liessen, so nahmen wir dies so gelassen hin wie von jedem anderen auch. Der Pfarrer hat dem Glauben als persönlicher Lehrer weder in besonderer Weise genutzt noch geschadet. Man lernte Systeme, Bräuche und Legenden. Dazu aber brauche ich keinen Lehrer im existentiellen Sinn. Man lernte in der Hauptsache, etwas zu begehen, nicht etwas zu verstehen. Ich könnte mir vorstellen, dass dies im Protestantismus anders war, weil er von seinem Ursprung viel stärker auf Sprache und Verstehen aus ist.

Dies hat sich völlig verändert. Die Naturhaftigkeit der Systeme und Begehungen ist zusammengebrochen. Es gibt keine religiösen Selbstverständlichkeiten mehr; alles steht unter Rechtfertigungszwängen, es muss besprochen und mit Argumenten versehen werden. Und es muss *einer* dafür stehen. Das aber ist eine fast zu grosse Bürde, die Eltern zu tragen haben, die ihren Kindern den Glauben vermitteln; die Pfarrer und Lehrerinnen zu tragen haben. Wenn ich unsere jungen Leute frage, warum sie Theologie studieren, so begründen sie dies durchweg mit dem Einfluss eines Menschen: ich hatte eine gute Pfarrerin, ich hatte einen guten Religionslehrer. Wir als Vermittler stehen also unter hohen Bezeugungserwartungen, fast unter zu hohen.

Glaube entzündete sich in traditionalen Zeiten nicht so sehr an der Überzeugungskraft eines einzelnen Menschen. Man glaubte, weil alle glaubten — für protestantische Ohren ein schwer erträglicher Satz. Ich will ihn etwas verändern und sehen, ob ich ihm etwas abgewinnen kann. Ich kann glauben, weil ich viele glauben sehe. Ich will folgendes damit sagen: Ich muss nicht für alles stehen, nicht einmal für meinen Glauben muss ich völlig stehen. Ich kann den Glauben meinen Geschwistern, die ich beten und singen sehe, von den Lippen ablesen. Glaube ist schwer. Ich will meinen halben Glauben nicht zum Massstab dessen machen, was ich sagen und singen kann. Ich habe Geschwister, die weiter sind als ich. Ich habe eine Tradition, und ich habe Tote, die weiter sind als ich selber. Zumindest alle zusammen sind wir weiter als jeder einzelne für sich ist.

Es gibt zwei Heiligkeiten unserer Tradition; zwei Heiligkeiten der Lieder, die wir singen; zwei Heiligkeiten der Texte, die wir haben. Die eine ist ihre eigene Schönheit und Anmut — die Wahrheit von der Rettung des Lebens, die sich in vielen Geschichten und Bildern dramatisiert. Die zweite Hciligkeit wird jener Tradition verliehen durch den Glauben, die Hoffnung und die Sehnsucht derer, die diese Tradition weitertragen. Die Texte und Überlieferungen sind immer besser, als sie sind, weil Menschen sie mit ihren Seufzern und Hoffnungen geheiligt haben. Dass wir uns zu unserem Erbe entschliessen können, dass wir glauben können, das liegt nicht nur an der Schönheit unseres Erbes. Es liegt auch daran, dass so viele vor uns und mit uns sich die Tradition angeeignet haben. Tradition ist nicht nur überlieferter Inhalt. Tradition ist auch die Tatsache, dass man Anteil hat am Glauben und an der Hoffnung der Toten. Ich brauche nicht an meiner eigenen Authentizität zu verhungern.

«Die anderen und mein Glaubensschicksal» habe ich diesen letzten Teil genannt. Unter diesem Satz möchte ich fragen, was es heisst, einen Lehrer oder eine Lehrerin zu haben. Ich frage nicht nach einem charismatischen Menschen mit besonderer Weisheit und Lehre. Sie sind als Lehrer meistens zu anstrengend. Ich frage nach dem Schwarzbrot-Lehrer. Ein Lehrer ist ein Mensch, zu dem ich regelmässig gehe, um meine Lebenswahrheit unter seine Augen zu bringen. Lehrer ist jemand nicht vorrangig durch die Summe seiner Weisheit. Mein Lehrer wird jemand dadurch, dass ich ihn zu meinem Lehrer mache und zu ihm hingehe. Die Hauptsache ist nicht seine Lehre. Die Hauptsache ist, dass ich regelmässig zu ihm gehe und mich mitteile. Sein Wort ist nicht vor allem deswegen wichtig, weil es von erster Güte ist, sondern weil ich es wichtig *nehme*. Ich habe eine biographische Entscheidung getroffen, nämlich auf ihn mehr und mit intensiverem Ohr zu hören als auf andere. Auf diese Weise wird er weiser als andere, eben durch meine biographische Entscheidung. Sein Wort hat immer einen Mehrwert, dadurch nämlich, dass es das Wort meines Lehrers ist.

Nicht jede Selbstmitteilung heilt und befreit. Wenn sie formlos, zufällig oder vor irgend jemandem geschieht, passiert es eher, dass ich mich zubetoniere in der Beredung. Es kommt zu Selbstwiederholungen, die gerade keine Heilung

140

und keinen Aufbruch erlauben. Einen Lehrer zu haben, bedeutet nicht, irgend jemandem irgend etwas von sich zu erzählen. Es bedeutet die regelmässige und gestaltete Selbstmitteilung. Es ist eine Institution, die den Geist schützt.

Es ist merkwürdig, dass im Augenblick alle Welt Situationen des Gespräches sucht bis zur Perversion öffentlicher Fernsehbeichten. Es gibt Gesprächsgruppen für fast alle Lagen und Probleme. Zugleich zerfallen innerhalb der Kirchen alle Institutionen der Selbsteröffnung. Wir sollten uns daran erinnern, dass alle spirituellen Welten Instrumente der Selbstmitteilung kennen. Wir sollten anfangen, im Religionsunterricht und an den theologischen Fakultäten nicht nur Lehren zu lehren, sondern auch Instrumente und Bräuche religiöser Selbstkonstitution.

Wir wissen nie genau, woher wir haben, was unser Leben prägt. Haben wir es uns selber erworben und erarbeitet? Tragen wir in uns Erbschaften, die wir zwar nicht nur passiv übernehmen, die aber in der Hauptsache die Lebensarbeit von anderen ist? Die Hoffnungen und die Verletzungen, die wir haben, sind nicht allein unsere Sache. Nur wenn ich unbedingt mein eigener Herr und Meister sein wollte, würde es mich kränken, so viele in meinem Leben am Werk zu sehen und durch so vieles in meiner innersten Seele geprägt zu sein. Wir sind in unseren Glaubens- und Lebensversuchen nicht nur die Museen unserer Vorfahren, wir sind aber auch nicht nur wir selbst. Auch darin sind wir endlich, dass wir uns nicht selber gemacht und ausgestattet haben, nicht nur in uns selber stehen und nicht nur die

Produkte unserer selbst sind. Unsere biographischen Welten haben uns glauben, wünschen und hoffen gelehrt. Sie haben uns vielleicht auch verletzt und uns zweifeln gelehrt. Am meisten sind wir die, als die wir gerufen werden. Das ist nicht nur ein beruhigender Satz. Denn was ist mit denen, die keiner ruft? Und was ist mit denen, die mit den Todesnamen gerufen werden, wie der schwarze Junge meines Anfangsbeispiels? Vielleicht hat doch jeder gegen alle Namenlosigkeit und gegen alle falschen Namen einen noch nicht genannten Namen, der stärker ist als alle Biographie.

Anmerkungen:

[1] Stephen M. Joseph (Hg.): The me nobody knows. Children's voices from the ghetto, New York 1969

[2] Werkkreis «Literatur der Arbeitswelt» (Hg.): Ihr aber tragt das Risiko. Reportagen aus der Arbeitswelt, Reinbek 1971

[3] Andreas Heller u. a. (Hg.): Religion und Alltag. Interdisziplinäre Beiträge zu einer Sozialgeschichte des Katholizismus in lebensgeschichtlichen Aufzeichnungen, Wien 1990

Bibliographie

Dorothee Sölle

1965   Stellvertretung. Ein Kapitel Theologie nach dem «Tode Gottes», 190 Seiten (Neuausgabe 1982), Kreuz Verlag

1968   Phantasie und Gehorsam. Überlegungen zu einer künftigen christlichen Ethik, 90 Seiten, Kreuz Verlag

1969   Meditationen und Gebrauchstexte, 36 Seiten (Neuauflage 1986), Wolfgang Fietkau Verlag

1971   Politische Theologie, 224 Seiten (Neuausgabe 1982), Kreuz Verlag

1973   Leiden, 224 Seiten, Herder Verlag (Neuauflage 1993)

1974   Die revolutionäre Geduld. Gedichte, 36 Seiten, Wolfgang Fietkau Verlag

1975   Die Hinreise. Texte und Überlegungen zur religiösen Erfahrung, 192 Seiten, Kreuz Verlag

1979   Fliegen lernen. Gedichte, 84 Seiten, Wolfgang Fietkau Verlag

1980   Wählt das Leben, 160 Seiten, Kreuz Verlag

1981   Spiel doch von Brot und Rosen. Gedichte, 128 Seiten, Wolfgang Fietkau Verlag

1982   Aufrüstung tötet auch ohne Krieg, 128 Seiten, Kreuz Verlag

        Fürchte dich nicht, der Widerstand wächst, 144 Seiten, pendo-verlag

1983   Lieben und arbeiten. Eine Theologie der Schöpfung, 216 Seiten, Kreuz Verlag

        Nicht nur Ja und Amen. Von Christen im Widerstand (zusammen mit Fulbert Steffensky), 120 Seiten, Rowohlt Taschenbuch Verlag

1984   Revolution ohne Todesstrafe. Zwei Berichte aus Nicaragua (zusammen mit Peter Frey), 120 Seiten, pendo-verlag

        Verrückt nach Licht. Gedichte, 176 Seiten, Wolfgang Fietkau Verlag

1986   Ein Volk ohne Vision geht zugrunde, 160 Seiten, Peter Hammer Verlag

1987   Das Fenster der Verwundbarkeit. Theologisch-politische Texte, 350 Seiten, Kreuz Verlag

        Ich will nicht auf tausend Messern gehen. Gedichte, 160 Seiten, Deutscher Taschenbuch Verlag

New Yorker Tagebuch, 144 Seiten, pen-do-verlag

Und ist noch nicht erschienen, was wir sein werden. Stationen feministischer Theologie, 186 Seiten, Deutscher Taschenbuch Verlag

1990   Zivil und ungehorsam. Gedichte, 152 Seiten, Wolfgang Fietkau Verlag

Gott denken. Einführung in die Theologie, 256 Seiten, Kreuz Verlag

Hannas Aufbruch. Aus der Arbeit feministischer Befreiungstheologie, 160 Seiten, Gütersloher Verlagshaus

1992   Das Recht auf ein anderes Glück, 120 Seiten, Kreuz Verlag

Es muss doch mehr als alles geben. Nachdenken über Gott, 160 Seiten, Hoffmann und Campe Verlag, 1995 im Deutschen Taschenbuchverlag

1993   Gott im Müll. Eine andere Entdeckung Lateinamerikas, 176 Seiten, Deutscher Taschenbuch Verlag

Mutanfälle. Texte zum Umdenken, 240 Seiten, Hoffmann und Campe Verlag

1994   Atheistisch an Gott glauben. Beiträge zur Theologie, 152 Seiten, Deutscher Taschenbuch Verlag (Erstausgabe 1968)

Träume mich, Gott. Geistliche Texte mit lästigen politischen Fragen, 158 Seiten, Peter Hammer Verlag

Gewalt. Ich soll mich nicht gewöhnen, 127 Seiten, Patmos Verlag

Die Arche Noah. Text zu 15 farbigen Pinselzeichnungen von Josef Hegenbarth, 66 Seiten, Burgart-Presse, Rudolstadt

1995   Die Erde gehört Gott. Ein Kapitel feministischer Befreiungstheologie (zusammen mit Luise Schottroff), 200 Seiten; erweiterte und überarbeitete Neuausgabe, Peter Hammer Verlag (Erstausgabe Rowohlt Taschenbuch 1984)

Gegenwind. Erinnerungen, 320 Seiten, Hoffmann und Campe Verlag

Grosse Frauen der Bibel. Mit Herbert Haag und Joe H. Kirchberger, 288 Seiten, Verlag Herder

Fulbert Steffensky

1973   Gott und Mensch — Herr und Knecht.
        Autoritäre Religion und menschliche Be-
        freiung im Religionsbuch, Furche Verlag
        Hamburg

1984   Feier des Lebens. Spiritualität im Alltag,
        160 Seiten, Paperback, Kreuz Verlag

1989   Wo der Glaube wohnen kann. 162 Seiten,
        Paperback, Kreuz Verlag

Gemeinsame Bücher

1983   Nicht nur Ja und Amen. Von Christen im
        Widerstand, rororo rotfuchs (66.—68.
        Tausend Mai 1995)

1993   Die Sowohl-als-auch-Falle. Eine theolo-
        gische Kritik des Postmodernismus, ge-
        meinsam mit Kuno Füssel, Edition Exo-
        dus

1995   Wider den Luxus der Hoffnungslosigkeit.
        Verlag Herder